意匠設計者でもスラスラ書ける

建築2次部材の構造計算書

山本満・四井茂一　著

彰国社

装丁・デザイン　小林義郎
イラスト　すずきみほ

はじめに

　建築2次部材の構造計算（以下、「構造計算」と称します）を目指す人は、構造の専門家ではありません。そのため、自分自身の計算能力、経験、知識が不足していると感じています。ところが多くの方は、実は十分な能力を持っています。自信が持てない原因は、計算能力の不足ではなく、自信を持って構造計算書（以下、「計算書」と称します）を書くことができないからです。自分が書いた計算書を提出した後、予期せぬ批判を浴びてダメージを受ける恐怖が先立つからです。計算するという入り口ではなく、それを外に出す出口で躓いているのです。

　それにはこんな背景があります。自然災害が頻発し、報道されない小さな事故が数多く起こっています。これに対応するために、各社で案件ごとに事故調査委員会が設けられています。弊社にも時々意見が聞きたいと声がかかります。

　すべてのものに、予算と時間の効率を求められる時代です。建築2次部材の構造計算は、素人の片手間では済まされないほどに緊迫感が増しています。この状況は、独学者に蟻地獄の心理を引き起こします。計算のやり方を百個学んでも、百ひとつ目の考えで批判されるのではないかという恐怖が沸き、前に進めません。これでは、いくら本を読んで勉強しても、自信は手に入りません。独学の壁です。

　本書はこれを解消するために、計算書が書けるフレームワークを提示します。これは、弊社の実務から確信を得たノウハウです。

　計算書の目的は、関係者に「誠に、その通り」と納得と信用を得ることです。「相手に伝わる資料を作成する」、これを実現すれば、のちのトラブルの大半は回避されます。そのために、本書は計算書に必要な二つのことを提示します。

1）書式フォーマット

2）1行ごとの根拠

　書式は、分かりやすさが重要です。それは、読む人の納得や信用につながります。これを知れば、誰でも分かりやすい計算書を再現できます。

　また計算書の1行1行に根拠を明示すれば、信用の獲得は容易です。その根拠とは、法令と力学です。法令は、順守義務があります。力学は、にぎったものを手放せば、足元に落ちる自然の法則です。両者ともに、誰にも覆すことができない根拠となります。

　本書は、弊社で扱った実例を示し、それを1行ごとに意味と根拠を示します。すでに知っている事柄があれば、読み飛ばしてもよいでしょう。気づかなかったポイントが見つかれば、何度も読み直すことができます。どんな難しい事柄も、小さなステップを重ねれば必ず高みに到達します。

そのようなことをふまえて、本書は、次の章立てで構成しています。

1章の「建築2次部材の構造計算書の書き方」では、計算書の形（フォーマット）を知ることを提案します。このフォーマットは、あなたの計算を、構造計算の約束に従って、過不足なく読み手に伝えることができます。

2章以降は、計算書に登場する各行の根拠を、一つひとつ示します。これにより構造計算するための必要知識を、過不足なく効率的に知ることができます。

2章の「力のつり合いを身につけよう」では、力学への理解にモヤモヤしている方のために「部材はなぜ壊れるか？」「なぜ安全だといえるのか？」など、力学のおさらいをします。

3章の「法規の使い方」では、法律をはじめとした公共の約束事に対応した計算書の作成方法を解説します。

4章の「断面性能の使い方」では、計算の公式に登場する重要な数値の意味を知ることができます。これにより、効率の良い部材の取扱い方が分かります。

5章の「計算方針の立て方」では、弊社で扱った実例をベースに自分で方針を組み立て、納得と信用を獲得する計算書を書くためのコツや勘所を解説します。

本書中の表現は、私たちの経験に基づくもので、アカデミックな厳密さよりも、実践的な分かりやすさを重視しています。記述内容は、本書の執筆時の情報に基づくものです。あらかじめご容赦のうえご利用ください。

2024年9月

山本満・四井茂一

目　次

はじめに　3

1章 ｜ 建築２次部材の構造計算書の書き方 ——— 7

建築2次部材の構造計算書を読むことから始めましょう　8
計算書を読む三つの視点　8
三つの視点で計算書Aを読んでみましょう　10
読む人の心持ちを先回りする書き方　12
計算書Bを読みましょう　12
計算書Bの書き方　17
計算書の構成（書く順番）を知りましょう　17
三つのブロック（問いブロック、概要ブロック、計算ブロック）で構成しましょう　18
結論で締めくくりましょう　18
「問いブロック」に書くこと　18
「概要ブロック」に書くこと　19
書く順番で大事なこと　20
「計算ブロック」に書くこと　20
計算ブロック全体の「結論」を書きます　23
計算書で登場する記号と公式を紹介します　24
鋼材の根太の計算書を書きます　26
点検歩廊の根太の検討（計算書）　30

2章 ｜ 力のつり合いを身につけよう ——— 37

はじめに、壊れる姿を見てみましょう　38
許容応力度（f）とは　39
力の流れを図で覚えましょう　39
力のつり合いはモーメントのつり合いです　40
シーソーの形を変えましょう　40
シーソーのつり合いを考えます　40
シーソーの形が変わります　41
モーメントの距離は、基準線と力の方向（矢印）との距離です　42
そしてさらに、シーソーの形が変わります　42
部材を曲げる作用なので、曲げモーメントと称します　43
シーソー編：モーメント図の書き方を手に入れましょう　44
単純梁編：モーメント図の書き方を手に入れましょう　45

片持ち梁の力のつり合いからモーメント図を書きましょう　46

単純梁の仕組み　48

片持ち梁の仕組み　49

単純梁と片持ち梁を検討する計算書のフォーマット　53

3章｜法規の使い方 ——————————— 61

荷重の根拠は施行令に書いてあります　63

構造計算で使う荷重には次の情報があります　64

風圧力の根拠は施行令と告示に書いてあります　64

風圧力計算の概要　65

地震力の根拠は告示を採用しています　66

建築設備の地震力の根拠　68

人が押す力の二つの根拠　68

許容応力度の根拠は施行令と告示に書いてあります　69

許容応力度の短期と長期は施行令に書いてあります　70

F値の具体的な数値は告示、JIS、メーカーカタログに書いてあります　70

許容圧縮応力度fcは、計算で求めます　70

ステンレス材、アルミ材などの計算の仕方　71

4章｜断面性能の使い方 ——————————— 73

断面性能は、公式の分子に現れます　74

部材には、軸があります。軸は、部材の背骨です　75

四つの断面性能の成り立ち　78

ヤング係数は、材質の伸びやすさを表します　84

ヤング係数で単純梁を考えてみましょう　85

5章｜計算方針の立て方 ——————————— 89

計算方針のためのStep　90

計算方針を立てましょう　94

支柱①に作用する荷重　96

吊り材②に作用する荷重　98

マグサ③に作用する荷重　99

屋内のサッシュ受け支柱の検討（計算書）　101

おわりに　120

1章

建築2次部材の
構造計算書の書き方

書式は、分かりやすさが重要です。
それは、読む人の納得や信用につながります。

▶ **建築２次部材の構造計算書を読むことから始めましょう。**

　計算書を読むとき、滞りなく読み終われば、書くための基礎知識は十分です。

　例えば、構造計算書に次の式が登場します。

$$\sigma = \frac{M}{Z}$$

　これは、曲げ応力度を求める公式です。いきなり公式や曲げ応力度などの聞き慣れない言葉が現れて、戸惑う方があるかもしれません。でも、すこし我慢して、もう一度この式を見てください。

　この式はσ、Z、M、曲げ応力度などの記号と言葉の意味を知ることで使うことができます。

　この式のように、計算書に登場する記号、公式、言葉と、その並べ方（すなわち書き方）を眺めていると、「自分はこれを知らないなぁ」と確認ができます。

　本章では、実際の計算書を読むという形を取っています。そして記号、公式、言葉、その並べ方の意味を一つひとつのちの解説で明らかにします。

　そのような訳で本章では、まだ意味を知らない言葉や事柄が、いきなり登場するかもしれません。そのときには、知らないことは読み飛ばすという割り切りで、そのままやり過ごしてください。その意味は、必要に応じて立ち戻り、補足していきます。

▶ **計算書を読む三つの視点**

　ここで、計算書を読むときの三つの視点を紹介します。この視点は私たちが実務を通じて発見しました。これを知っておくと、読みやすさを判断するときの指針になります。

　　視点１　情報が、過不足なくある。

　これを実現すれば、情報が整理され、理解しやすくなります。それは、書き手にとっても読み手にとってもストレスが小さくなります。

視点2　簡素である。

これを実現すれば、たとえ間違いが起こっていても、それを発見しやすくなります。

視点3　計算を、追体験できる。

これを実現すれば、計算書を読んだときにストーリーが目に浮かび、計算書を受け取る人の安心感が増します。

計算書は、構造計算を整理するだけの面倒な作業だとする見方があります。でもそれは違います。計算書を書くことは、構造計算の目的を達するための要(かなめ)の技術だといえます。それを実現するために、はじめは、計算書の外観（見せ方）から見ていきます。

図1-1を見てください。これは木造床下地の図です。これを題材として話を進めます。

スギの梁材にベイマツの根太が架かっています。根太長さ1,000 mm、断面は45 mm × 60 mm、@450です。この中央に力$P = 1,000$ Nが作用します。根太は、梁に釘留めされています。

この根太を構造計算します。次に続く2ページは、その計算書です。先に述べた計算書を読む三つの視点を思い浮かべて眺めてください。

それでは計算書を、読み始めましょう。

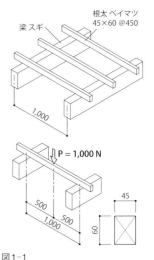

図1-1

1章　建築2次部材の構造計算書の書き方　　9

▶ **三つの視点で計算書 A を読んでみましょう。**

計算書 A

木造の根太

　スパン 1,000 のスギの梁にベイマツの 45 × 60 の根太が @450 で架かっている。根太は、梁に釘留めされている。

この根太を計算する。

設計条件

材質：甲種構造材 1 級のベイマツ

　　許容曲げ応力度　　　fb = 12.54 N/mm^2（長期）

　　許容せん断応力度　fs = 0.88 N/mm^2（長期）

　　ヤング係数　　　　　E = 12,000 N/mm^2

部材：根太

　　断面 = 45 mm × 60 mm

　　長さ = L = 1,000 mm

断面性能

断面 2 次モーメント：I

$$I = \frac{45 \text{ mm} \times (60 \text{ mm})^3}{12} = 810,000 \text{ mm}^4$$

断面係数：Z

$$Z = \frac{45 \text{ mm} \times (60 \text{ mm})^2}{6} = 27,000 \text{ mm}^3$$

断面積：A

　　A = 45 mm × 60 mm = 2,700 mm^2

荷重

集中荷重が根太中央に作用している。

　　P = 1,000 N

根太の検討

曲げの検討

最大曲げモーメントを求める。

$$M = 1,000 \text{ N} \times \frac{500 \text{ mm} \times 500 \text{ mm}}{1,000 \text{ mm}} = 250,000 \text{ Nmm}$$

10

曲げ応力度を求める。

$$\sigma = \frac{250{,}000 \text{ Nmm}}{27{,}000 \text{ mm}^3} = 9.259 \text{ N/mm}^2$$

$$\frac{\sigma}{fb} = \frac{9.259 \text{ N/mm}^2}{12.54 \text{ N/mm}^2} = 0.738$$

$0.738 < 1.0 \quad \therefore \text{OK}$

せん断の検討

最大せん断力を求める。

$$Q = 1{,}000 \text{ N} \times \frac{500 \text{ mm}}{1{,}000 \text{ mm}} = 500 \text{ N}$$

せん断応力度を求める。

$$\tau = \frac{500 \text{ N}}{2{,}700 \text{ mm}^2} = 0.185 \text{ N/mm}^2$$

$$\frac{\tau}{fs} = \frac{0.185 \text{ N/mm}^2}{0.88 \text{ N/mm}^2} = 0.21$$

$0.21 < 1.0 \quad \therefore \text{OK}$

たわみの検討

最大たわみを求める。

$$\delta = \frac{1{,}000 \text{ N} \times (1{,}000 \text{ mm})^3}{48 \times 12{,}000 \text{ N/mm}^2 \times 810{,}000 \text{ mm}^4} = 2.14 \text{ mm}$$

$$\frac{\delta}{L} = \frac{2.14 \text{ mm}}{1{,}000 \text{ mm}} = \frac{1}{467} < \frac{1}{300} \quad \therefore \text{OK}$$

▶ 読む人の心持ちを先回りする書き方

　私は、他所からいただいた計算書を読む機会がよくあります。あるとき、計算書の読み方を自己分析してみました。それによれば（書いた人には失礼なことだとは思うのですが）、じっくり腰を据えて1ページ目から読み進むことがありません。

　はじめ、ぺらぺらとめくって、興味があるところを拾い読みします。次に、違和感を感じたところと重要だと思った点をピックアップします。そして、前に戻ってその点を読み返します。これを繰り返して、それから、最後に全体を眺めて再度の確認をします。

　そこで私は確信したことがあります。それは、計算書を読み、確認する立場からすると、何度も読まなければ分からない、補足もないようなそっけない書きぶりは計算書として十分とはいえないということです。**読む時間も効率が重視**されるからです。このような、読む人の心持ちに寄り添うために**三つの書き方**を心掛けましょう。

- ・書き方1. 見出しを強調する（計算の手順が見て分かる）
- ・書き方2. 一行一行の目的と根拠を明示する（どの部分を切り取って拾い読みをしても、不都合が起こらない）
- ・書き方3. 結論を強調する（結論が目に飛び込んでくる）

　ここで、先の計算書Aを振り返ってみましょう。分かりにくくて、飛ばした方もあるのではないでしょうか？

　覚えておきたいのは、このような書類を読む人の「動機と気持ち」です。情報の発信者はそれをよく知り、必要な事柄が必ず伝わるよう書く必要があります。

▶ 計算書Bを読みましょう。

　そこで、次の計算書Bを見てください。計算書Bは、情報も書き並べる順序も計算書Aとまったく同じです。ただし、上記の書き方で工夫しています。

計算書Ｂ表紙

根太の検討

〇〇〇年〇月〇日
〇〇〇会社

計算書B本文

床組みの根太

屋内の木造床組みの根太を検討する。

◎ 概要

概要図

◆ 設計条件

- **材質**：ベイマツ甲種構造材1級

  許容曲げ応力度　$Lfb = 12.54 \text{ N/mm}^2$（長期）

  許容せん断応力度　$Lfs = 0.88 \text{ N/mm}^2$（長期）

  ヤング係数　$E = 12{,}000 \text{ N/mm}^2$

  日本建築学会『木質構造設計規準・同解説』
  平成12年建設省告示第1452号、建築基準法施行令第89条第1項による

- **部材**：根太

  断面＝幅b×高さ$h = 45 \text{ mm} \times 60 \text{ mm}$

  長さ＝$L = 1{,}000 \text{ mm}$

- **断面性能**

  断面2次モーメント：I

  $$I = \frac{bh^3}{12} = \frac{45 \text{ mm} \times (60 \text{ mm})^3}{12} = 810{,}000 \text{ mm}^4$$

  断面係数：Z

  $$Z = \frac{bh^2}{6} = \frac{45 \text{ mm} \times (60 \text{ mm})^2}{6} = 27{,}000 \text{ mm}^3$$

断面積：A

$A = 幅b × 高さh = 45\,\text{mm} × 60\,\text{mm} = 2{,}700\,\text{mm}^2$

・荷重

集中荷重Pが根太中央に長期荷重として作用する。

$P = 1{,}000\,\text{N}$

◎根太の検討

両端釘打ち留めのため、下図の単純梁とする。

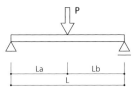

La = Lb = 500 mm

◆曲げの検討

・最大曲げモーメントMを求める。

$M = P × \dfrac{La × Lb}{L} = 1{,}000\,\text{N} × \dfrac{500\,\text{mm} × 500\,\text{mm}}{1{,}000\,\text{mm}}$

$= 250{,}000\,\text{Nmm}$

・曲げ応力度σを求める。

$\sigma = \dfrac{M}{Z} = \dfrac{250{,}000\,\text{Nmm}}{27{,}000\,\text{mm}^3}$

$= 9.259\,\text{N/mm}^2$

$\dfrac{\sigma}{Lfb} = \dfrac{9.259\,\text{N/mm}^2}{12.54\,\text{N/mm}^2} = 0.738$

$0.738 < 1.0$　∴ OK

> 許容値**100%**に対し応力度が**74%**なので、曲げに対し**OK**とする。

◆せん断の検討

・最大せん断力Qを求める。

$$Q = P \times \frac{La}{L} = 1,000 \text{ N} \times \frac{500 \text{ mm}}{1,000 \text{ mm}} = 500 \text{ N}$$

・せん断応力度τを求める。

$$\tau = \frac{Q}{A} = \frac{500 \text{ N}}{2,700 \text{ mm}^2} = 0.185 \text{ N/mm}^2$$

$$\frac{\tau}{Lfs} = \frac{0.185 \text{ N/mm}^2}{0.88 \text{ N/mm}^2} = 0.21$$

$$0.21 < 1.0 \quad \therefore \text{OK}$$

> **許容値100%に対し応力度が21%なのでせん断に対しOKとする。**

◆たわみの検討

・最大たわみδを求める。

$$\delta = \frac{P \times L^3}{48 \times E \times I} = \frac{1,000 \text{ N} \times (1,000 \text{ mm})^3}{48 \times 12,000 \text{ N/mm}^2 \times 810,000 \text{ mm}^4}$$

$$= 2.14 \text{ mm}$$

$$\frac{\delta}{L} = \frac{2.14 \text{ mm}}{1,000 \text{ mm}}$$

$$= \frac{1}{467} < \frac{1}{300} \quad \therefore \text{OK}$$

> $\frac{\delta}{L}$が、単純梁の許容値$\frac{1}{300}$より小さいので、たわみに対して**OK**とする。

許容値$\frac{1}{300}$の採用理由は、鋼構造許容応力度設計規準による。

> **曲げ、せん断、たわみに対してOKなので、根太は安全とする。**

▶ 計算書Bの書き方

　計算書の外観について、計算書Bの書き方は次の点を意識しています。
　　・見出しを強調する
　　・アイキャッチとなる図版（図面など）を描き込む
　　・結論を枠で囲む
　これにより、構造計算するときの思考（考えの順序と流れ）を分かるようにしています。
　図1-2を見てください。この図を使って、計算をする思考の流れを見てみましょう。それは同時に計算書を書く順番となります。

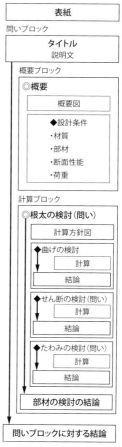

図1-2

＊本計算書は、根太のみを計算していますので、根太の検討の「計算ブロック」の結論が計算書の結論となります。これに対し、複数の部材を検討する計算書では、部材の数だけ「計算ブロック」があります。この場合には、「問いブロック」に対応した結論を最後に書きます。

▶ 計算書の構成（書く順番）を知りましょう。
表紙

　表紙には、二つの目的があります。一つ目は、書類としての整えです。これは、たった3枚ですが「構造計算書ですよ」と表紙で主張を伝えます。

　二つ目は、読む人に一歩、止まってもらうことです。計算書が読まれる情景を想像しましょう。きっとそれは、忙しい仕事をやりくりした合間の時間でしょう。
　ですから、計算書を手に取って1秒か2秒、タイトルだけを眺めて欲しいのです。そして「これから、この計算書を見るのだな」と、一瞬立ち止まって、読み

始めてもらいたいという意図を込めています。

▶ 三つのブロック（問いブロック、概要ブロック、計算ブロック）で構成しましょう。

計算書の構成を分かりやすくするために、三つのブロックに区切って名前を付けています。

はじめは、「問いブロック」です。ここで問題を設定します。次に「概要ブロック」と「計算ブロック」が続き、「結論」で完結します。

▶ 結論で締めくくりましょう。

図1-2では、「問いブロック」と一番下の「結論」を矢印で結んでいます。計算書は、「問い」で始まり「結論」で完結します。問いと結論はセットです。

「結論」は、構造計算のゴールです。このため、ゴールを強調する目的で、結論を枠で囲うようにしています。

これを、計算書Bで確認してください。計算書Bは、根太の検討を問いとしているので、根太の結論が、計算書全体の結論と同一になっています。

▶ 「問いブロック」に書くこと

図1-3は、「問いブロック」の内容を抜き出しました。上段のタイトルと下段の説明文で構成します。
○タイトルは、計算の目的を述べます。
○説明文では、三つの事柄に留意します。

1) 計算する対象物が分かる。
2) そこに作用する荷重が分かる。
3) 1文程度で書く。

図1-3の説明文を分析しましょう。

「木造」の「根太」ですから、計算対象物は木製の角材だと分かります。「屋内」の「床組み」ですから、

床組みの根太

屋内の木造床組みの根太を検討する。

図1-3　問いブロック

荷重は固定荷重、積載荷重だと分かります。

以上を1文で書いています。

図1-4は、計算書Aの説明文です。3文で状況を書いています。これが1文に減れば、忙しい読み手にとっては、文章を映像に置き換えることが楽になります。

> スパン1,000のスギの梁にベイマツの45×60の根太が@450で架かっている。根太は、梁に釘留めされている。この根太を計算する。

図1-4　計算書A説明文

▶「概要ブロック」に書くこと

図1-5は「概要ブロック」です。はじめに、全体像を概要図で表します。概要図は、対象部材の寸法、材質、拘束状態を明示します。計算に使う値を書き出します。そのほか、次の事柄に注意します。

見出しを付けます。

　　見出しの付け方
　　　　◎概要
　　　　　　◆設計条件
　　　　　　　　・材質
　このように見出しに階層を付けます。

根拠を書きます。

ベイマツの許容応力度とヤング係数の値の根拠を書いています。

・各値の変数（記号）を示し、そこに値を代入します。

変数（記号）は、一般に英数の文字を使います。

許容曲げ応力度（長期）をLfbと宣言します。

・値には、単位を書きます。

Lfbに12.54 N/mm^{2}の値を代入しています。

断面性能を書きます。

断面2次モーメント、断面係数、断面積の値を書いています。

・断面2次モーメントを変数Iと宣言します。

・Iの公式を書き、そこに対応する値を代入した式を

◎概要

概要図

◆設計条件
・材質：ベイマツ甲種構造材1級
　許容曲げ応力度
　　Lfb = 12.54 N/mm^2（長期）
　許容せん断応力度
　　Lfs = 0.88 N/mm^2（長期）
　ヤング係数
　　E = 12,000 N/mm^2
＊木質構造設計規準・同解説
　（日本建築学会）
　建築基準法施行令　第89条第1項
　平成12年建設省告示　第1452号
・部材：根太
　断面＝幅b×高さh
　　　＝45 mm×60 mm
　長さ＝L＝1,000 mm
・断面性能
　断面2次モーメント：I
　　$I = \dfrac{bh^3}{12} = \dfrac{45 \text{ mm} \times (60 \text{ mm})^3}{12}$
　　　$= 810,000 \text{ mm}^4$
　断面係数：Z
　　$Z = \dfrac{bh^2}{6} = \dfrac{45 \text{ mm} \times (60 \text{ mm})^2}{6}$
　　　$= 27,000 \text{ mm}^3$
　断面積：A
　　A＝幅b×高さh
　　　＝45 mm×60 mm
　　　＝2,700 mm^2
・荷重
　集中荷重Pが根太中央に長期荷重として作用する。
　　P = 1,000 N

図1-5　概要ブロック

1章　建築2次部材の構造計算書の書き方　19

書きます。
・計算結果を書きます。
・その他の断面性能も同様に書きます。

▶ 書く順番で大事なこと

・はじめに、その言葉を意味する変数を宣言し（書き）ます。
・次に、宣言済の変数に値を代入します。
・このとき、値には単位を必ず書き入れます。
・公式は、すべての変数は、宣言したあとに使い（書き）ます。
　この順序は計算書のルールです。

　図1-6を見てください。各ページの末尾にページ数を書き入れています。記入の理由は次の2点です。
　1）ページ抜けを発見できる
　2）ページ参照が容易になる

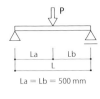

図1-6　ページ数を記入

▶ 「計算ブロック」に書くこと

　「概要図」から計算する部材を抜き出して計算します。部材が複数であれば、すべての部材を繰り返し計算します。図1-7を見てください。根太の計算です。

タイトル（根太の検討）が問いになります。

　根太の計算方針を図で表します。
　ここでは、単純梁の図で示しています。
　計算に必要な長さ寸法LaおよびLbの数値を書き入れます。

　以下に、単純梁で行う計算項目を「検討」で言い表しています。このあと、三つの計算項目に進みます。

図1-7　計算ブロック

・曲げの検討
・せん断の検討
・たわみの検討

「計算ブロック」（根太の検討）の「問い」に対する結論を述べます。「結論」を目立たせるために、枠で囲んでいます。

「曲げの検討」に書くこと

図1-8のタイトルが「問い」です。ここでは、並べ方に注目してください。

・最大曲げモーメントを変数Mとします。
・Mの公式を書きます。

　＊公式中の変数は、すべてこれ以前に宣言済です。

・公式に各値を代入した式を書きます。

　＊値には、単位を書きます。

・ここまでの手順で曲げ応力度を書き進めます。
・応力度が許容応力度を下回ればOKとします。

計算結果を文章でまとめ、結果が目立つように枠で囲みます。

◆曲げの検討

・最大曲げモーメントMを求める。

$$M=P\times\frac{La\times Lb}{L}$$
$$=1{,}000\ \mathrm{N}\times\frac{500\ \mathrm{mm}\times 500\ \mathrm{mm}}{1{,}000\ \mathrm{mm}}$$
$$=250{,}000\ \mathrm{Nmm}$$

・曲げ応力度σを求める。

$$\sigma=\frac{M}{Z}$$
$$=\frac{250{,}000\ \mathrm{Nmm}}{27{,}000\ \mathrm{mm^3}}$$
$$=9.259\ \mathrm{N/mm^2}$$
$$\frac{\sigma}{Lfb}=\frac{9.259\ \mathrm{N/mm^2}}{12.54\ \mathrm{N/mm^2}}=0.738$$
$$0.738<1.0\quad\therefore \mathrm{OK}$$

許容値100%に対し応力度が74%なので、曲げに対しOKとする。

図1-8　曲げの検討

曲げ計算の手順

計算は、許容応力度計算法で行います。その手順（図1-9）と意味は次の通りです。

1）曲げの検討をするのだと、タイトルで問います。
2）部材に作用する曲げモーメント（部材を曲げる力ともいえます）の最大値を求めます。この力を応力ともいいます。
3）これを応力度に変換します。
のちに、許容応力度（単位N/mm²）と比較するため、あらかじめ応力（単位N）を応力度（N/mm²）に変換しておきます。
4）応力度をその材料の許容曲げ応力度と比べます。
5）応力度が許容曲げ応力度を超えなければOKと

1．曲げの検討
▼
2．最大曲げモーメントを求める
▼
3．曲げ応力度を求める
▼
4．$\frac{曲げ応力度}{許容曲げ応力度}\leqq 1.0\ \therefore \mathrm{OK}$
▼
5．曲げに対してOKとする

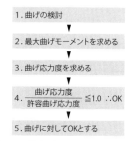

図1-9　曲げ計算の手順

判定します。この後これを文章にして、「問い」に対する「結論」とします。

（モーメント、応力、応力度、許容応力については度は第2章で詳しく述べます）

「せん断の検討」に書くこと

図1−10のタイトルが「問い」です。

・最大せん断力を変数Qとします。

・Qの公式を書きます。

・公式に各値を代入した式を書きます。

　＊公式中の変数は、すべてこれ以前に宣言済みです。

　＊値には、単位を書きます。

・ここまでの手順でせん断応力度を書き進めます。

・応力度が許容応力度を下回ればOKとします。

計算結果を文章で書き、結果が目立つように枠で囲みます。

◆せん断の検討

・最大せん断力Qを求める。

$$Q=P\times\frac{La}{L}$$
$$=1{,}000\ \mathrm{N}\times\frac{500\ \mathrm{mm}}{1{,}000\ \mathrm{mm}}$$
$$=500\ \mathrm{N}$$

・せん断応力度τを求める。

$$\tau=\frac{Q}{A}=\frac{500\ \mathrm{N}}{2{,}700\ \mathrm{mm}^2}$$
$$=0.185\ \mathrm{N/mm}^2$$
$$\frac{\tau}{Lfs}=\frac{0.185\ \mathrm{N/mm}^2}{0.88\ \mathrm{N/mm}^2}=0.21$$
$$0.21<1.0\ \therefore \mathrm{OK}$$

許容値100%に対し応力度が21%なのでせん断に対しOKとする。

図1−10　せん断の検討

せん断計算の手順

手順（図1−11）と意味は次の通りです（以下、同じ意味の補足は省きます）。

1）せん断の検討をするのだと、タイトルで問います。

2）部材に作用するせん断力（部材を切る力）の最大値を求めます。

3）これを応力度に変換します。

4）応力度をその材料の許容せん断応力度と比べます。

5）応力度が許容せん断応力度を超えなければOKと判定します。この後これを文章にして、「問い」に対する「結論」とします。

（せん断力については第2章で詳しく述べます）

1．せん断の検討

▼

2．最大せん断力を求める

▼

3．せん断応力度を求める

▼

4．$\frac{\text{せん断応力度}}{\text{許容応力度}}\leqq 1.0\ \therefore \mathrm{OK}$

▼

5．せん断に対してOKとする

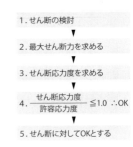

図1−11　せん断計算の手順

「たわみの検討」に書くこと

図1-12のタイトルが「問い」です。

- 最大たわみを変数δとします。
- δの公式を書きます。

　＊公式中の変数は、すべてこれ以前に宣言済です。

- 公式に各値を入力した式を書きます。

　＊値には、単位を書きます。

- $\dfrac{\delta}{L}$が、$\dfrac{1}{300}$を下回ればOKとします。

　＊$\dfrac{1}{300}$は、『鋼構造許容応力度計算法』（日本建築学会）8章8.1の記載に依ります。

計算結果を文で書き、結果が目立つように枠で囲みます。

◆たわみの検討

・最大たわみδを求める。

$$\delta = \dfrac{P \times L^3}{48 \times E \times I}$$

$$= \dfrac{1,000\ \text{N} \times (1,000\ \text{mm})^3}{48 \times 12,000\ \text{N/mm}^2 \times 810,000\ \text{mm}^4}$$

$$= 2.14\ \text{mm}$$

$$\dfrac{\delta}{L} = \dfrac{2.14\ \text{mm}}{1,000\ \text{mm}}$$

$$= \dfrac{1}{467} < \dfrac{1}{300} \quad \therefore \text{OK}$$

$\dfrac{\delta}{L}$が、単純梁の許容値$\dfrac{1}{300}$より小さいので、たわみに対してOKとする。

許容値$\dfrac{1}{300}$の採用理由は、鋼構造設計許容応力度計規準（2019年）による。

図1-12　たわみの検討

たわみ計算の手順

手順（図1-13）と意味は次の通りです。

1) たわみの検討をするのだと、タイトルで問います。
2) そこで起こる、たわみの最大値を求めます。
3) $\dfrac{\text{最大たわみ}}{\text{部材長さ}}$を求めます。
4) これを、$\dfrac{1}{300}$と比べます。
5) $\dfrac{\text{最大たわみ}}{\text{部材長さ}}$が$\dfrac{1}{300}$を超えなければOKと判定します。

上記の判定を受けて、「問い」に対する「結論」を書きます。

図1-13　たわみ計算の手順

▶ 計算ブロック全体の「結論」を書きます。

曲げ、せん断、たわみに対してOKなので、根太は安全とする。

1章　建築2次部材の構造計算書の書き方　　23

▶ **計算書で登場する記号と公式を紹介します。**

記号は計算式の変数として使われます。したがって計算書に登場する記号と言葉と単位を関連付けて覚えておくことは、計算の必須の技術です。単位は、その値の意味を表します。そこから計算式の意味が読み取れます。ここで示すのは、よく登場する主なものです。是非、暗記してください。

★ 一般に約束となっている表記
無印 本書で採用している表記

大文字や小文字の使い分けは、注意が必要な文字のみ特記しています。

許容応力度：f（N/mm²）
許容引張応力度：ft（N/mm²）
許容曲げ応力度：fb（N/mm²）
許容せん断応力度：fs（N/mm²）
許容圧縮応力度：fc（N/mm²）

短期
許容引張応力度（短期）：sft（N/mm²）
許容曲げ応力度（短期）：sfb（N/mm²）
許容せん断応力度（短期）：sfs（N/mm²）
許容圧縮応力度（短期）：sfc（N/mm²）

短期は、ftの前にsを付けています。

長期
許容引張応力度（長期）：Lft（N/mm²）
許容曲げ応力度（長期）：Lfb（N/mm²）
許容せん断応力度（長期）：Lfs（N/mm²）
許容圧縮応力度（長期）：Lfc（N/mm²）

長期は、ftの前にLを付けています。
小文字のlは数字の1との判別が難しいので、本書では大文字のLを使っています。

★ヤング係数：E（N/mm²）
★モーメント：M（Nmm）
★せん断力：Q（N）
★たわみ：δ（mm）
★曲げ応力度：σ（N/mm²）
★せん断応力度：τ（N/mm²）
★断面係数：Z（mm³）

σは、曲げに限らず応力度全般を表す記号としても使われます。

- ★断面2次モーメント：I（mm^4）
- ★断面積：A（mm^2）
- ★断面2次半径：i（mm）
- ★集中荷重：P（N）
- ★等分布荷重：w（N/mm）

OK or OUTを比較判定する式

　計算書は、はじめに部材に作用する外力（外からの力）を求めます。部材は、この力により変形し、許容値を超えると壊れます。そこで両者を比較し、OKもしくはOUTを判定します。

　本章では、単純梁（意味については2章で述べます）の計算を示しました。図1-14は、単純梁で計算するべき変形の姿です。変形は、軸（意味については4章で述べます）と力の方向の関係で決まります。計算はこの変形に対応して行います。

　計算書では当たり前に出てくる事柄ですが、その比較をする式と、そこに至るまでの手順を以下で確認してください。（　）内は単位です。

　＊本章の事例では、2）3）は登場しませんが、荷重の方向によっては検討が必要な場合があります。

1）曲げ応力度　$\sigma = \dfrac{M}{Z}$（N/mm^2）……式1-1

　M：曲げモーメント（Nmm）
　Z：断面係数（mm^3）
　　$\sigma \leqq fb$ → **OK**　　…fb：許容曲げ応力度
　　$\sigma > fb$ → **OUT**

曲げ

2）せん断応力度　$\tau = \dfrac{Q}{A}$（N/mm^2）

　Q：せん断力（N）
　A：断面積（mm^2）
　　$\tau \leqq fs$ → **OK**　　…fs：許容せん断応力度
　　$\tau > fs$ → **OUT**

せん断

図1-14　単純梁の部材の変形の姿

3) 引張応力度　$\sigma t = \dfrac{T}{A}$ （N/mm²）　＊記号σtは引張

図 引張

T：引張力（N）

$\sigma t \leqq ft \rightarrow$ **OK**　…ft：許容引張応力度

（N/mm²）

$\sigma t > ft \rightarrow$ **OUT**

＊記号σtは引張り

4) 圧縮応力度　$\sigma c = \dfrac{N}{A}$ （N/mm²）

図 圧縮

N：圧縮力（軸力）（N）

$\sigma c \leqq fc \rightarrow$ **OK**　…fc：許容圧縮応力度

（N/mm²）

$\sigma c > fc \rightarrow$ **OUT**

5) たわみδ（mm）

$\dfrac{\delta}{L} < \dfrac{1}{300}$ （両端拘束の梁）　…L：材の長さ

$\dfrac{\delta}{L} < \dfrac{1}{250}$ （片持ちの梁）

図1-14（続き）

δ：たわみの計算は、たわみ量を求めます。

＊式中の値$\dfrac{1}{300}$と$\dfrac{1}{250}$は、『鋼構造許容応力度設計規準』（日本建築学会）8章8.1の記載に依ります。是非、同書をご確認ください。

▶ **鋼材の根太の計算書を書きます。**

図1-15は、工場屋内の点検歩廊（キャットウォーク）の床下地です。H形鋼の梁の間に根太を架けます。根太はアングルです。この上に床プレートを敷いて歩廊にします。各寸法は、図から読み取ってみましょう。

部材の構成は、本章冒頭の図1-1と同じです。図1-1は根太の使用材料がベイマツでしたが、本事例は鋼材のアングルという違いがあります。

はじめに、図1-15の計算にかかわる荷重を求めましょう。

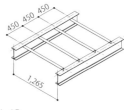

図1-15

荷重を決めます。

荷重は、建築基準法施行令第83条に記載があります。それによれば、建築物に作用する荷重および外力としては次の番号に掲げるものを採用しなければならない。

一　固定荷重
二　積載荷重
三　積雪荷重
四　風圧力
五　地震力

…と規定されています。

これに照らせば、固定荷重と積載荷重が該当すると思われます。

固定荷重は、使用材料の重さが該当しますので、該当する範囲の重量を求めます。

そして、同施行令第85条には「建築物の各部の積載荷重は、当該建築物の実況に応じて計算しなければならない。ただし、次の表に掲げる室の床の積載荷重については、それぞれ同表の（い）（ろ）又は（は）の欄に定める数値に床面積を乗じて計算することができる」として、室の種類に対応した荷重の表が記載されています。

ところが同表には、本事例で取り組む計算にピッタリ合う項目がありません。そこでここでは実情を推し量って値を決めることにします。積載荷重の単位はN/m^2です。

一方、根太は図1-15で分かるように、等間隔で並んだ材の1本を取り上げて、その強さを求めます。

したがって、根太1本当たりに作用する荷重は、図1-17の白抜き部分（AまたはB）の面積に作用する荷重となります。

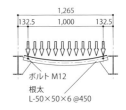

図1-16

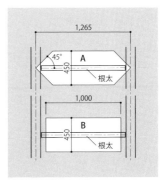

図1-17

1章　建築2次部材の構造計算書の書き方　27

この力が、図1-18のように作用して、根太を曲げます。

　ここで、根太アングルは、両端のボルトで留められていますから、その構造は単純梁といえます。したがってこの部材は単純梁に図1-18のような等分布荷重が作用する曲げ、せん断、たわみの検討をすることになります。ここで使う公式は次の三つです。

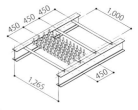

図1-18

・最大モーメントMを求める公式

$$M = \frac{w \times L^2}{8}$$

・最大せん断力Qを求める公式

$$Q = \frac{w \times L}{2}$$

・たわみδを求める公式

$$\delta = \frac{5 \times wL^4}{384EI}$$

　w：等分布荷重（N/mm）
　　（部材の軸に均等に作用する力）
　L：部材の長さ（mm）
　　（各公式中の変数の意味はp.24～26参照）

　ここでの注目は、荷重wの単位（N/mm）です。

　積載荷重の単位は（N/mm^2）です。荷重の単位を公式に合わせるために、（N/mm^2）を（N/mm）に変換します。

　次に、この方法を示します。

床荷重を求めます。

　根太に作用する荷重は、床の固定荷重（自重）と人が行き来する積載荷重の合計とします。このとき、根太1本が負担する床面積は、図1-17のAとBが考えられます。

　ここでは、Bの白抜き部分450 mm×1,000 mmを

採用します。各寸法は、次の通りです。
- 450 mm：根太1本の負担幅（根太ピッチ）
- 1,000 mm：ボルト間距離

床荷重（単位：N/m²）を（N/mm）に変換

床荷重は通常1 m²当たりの荷重で表します。

一方、公式は、部材の長さ1 mm当たりの荷重です。このため、単位を合わせて変換する必要があります。

図1-19は、その手順の一例です。

1) 荷重の合計を2,000 N/m²とします。
2) この値を1 mm²当たりに変換します。

$$\frac{2{,}000 \text{ N/m}^2}{1{,}000 \text{ mm} \times 1{,}000 \text{ mm}} = 0.002 \text{ N}$$

3) 0.002 Nに、根太1本の負担幅450 mmを掛けます。

$$0.002 \text{ N} \times 450 \text{ mm} = 0.9 \text{ N}$$

この値が、根太長さ1 mm当たりの荷重です。

ここまでの締めくくりとして、次ページ以降に図1-15の根太アングル1本の構造計算書を書きました。この計算書で、本章で学んだことを確認してください。

1) 1 m²当たりの荷重

2) 1 mm²当たりの荷重

$$\frac{2{,}000 \text{ N/m}^2}{1{,}000 \text{ mm} \times 1{,}000 \text{ mm}} = 0.002 \text{ N}$$

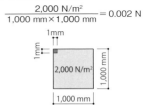

3) 根太長さ1 mm当たりの荷重
0.002 N × 450 mm = 0.9 N/mm

図1-19　荷重の単位の変換

計算書表紙

点検歩廊の根太の検討

○○○年○月○日
○○○会社

点検歩廊の根太の検討

屋内に設ける、点検歩廊の根太を検討する。

◎概要

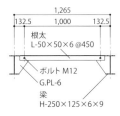

概要図

◆設計条件

・**材質**：構造用鋼材 SS 400

　許容曲げ応力度（短期）　$sfb = 235 \text{ N/mm}^2$

　許容曲げ応力度（長期）　$Lfb = 156 \text{ N/mm}^2$

　許容せん断応力度（短期）　$sfs = 135 \text{ N/mm}^2$

　許容せん断応力度（長期）　$Lfs = 90 \text{ N/mm}^2$

　ヤング係数　$E = 205,000 \text{ N/mm}^2$

$$F = \frac{F}{\sqrt{3}} \qquad 長期 = \frac{短期}{1.5}$$

・**部材**

　根太：L-50 × 50 × 6　@450

　長さ（ボルト間）：$L = 1,000 \text{ mm}$

・**断面性能**

　断面2次モーメント：I

　　$I = 126,000 \text{ mm}^4$

　断面係数：Z

　　$Z = 3,550 \text{ mm}^3$

断面積：A

$A = 564.4 \text{ mm}^2$

- **ボルト**：M12強度区分4.6

 許容引張力（短期） $sfbt = 20,200 \text{ N}$

 許容引張力（長期） $Lfbt = 13,500 \text{ N}$

 許容せん断耐力（短期） $sfbs = 11,700 \text{ N}$

 許容せん断耐力（長期） $Lfbs = 7,790 \text{ N}$

- **荷重**

 床積載荷重：$Wm = 2,000 \text{ N/m}^2$

 （長期・自重含む）

◎根太：St L-50×50×6の検討

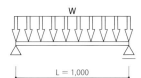

右図の単純梁とする。

◆曲げの検討

○最大曲げモーメントMを求める。

 荷重Wm N/m²をw N/mmに変換

$$w = \frac{2,000 \text{ N/m}^2}{1,000 \text{ mm} \times 1,000 \text{ mm}} \times 450 \text{ mm}$$

$\qquad = 0.9 \text{ N/mm}$

$$M = \frac{w \times L^2}{8}$$

$\qquad = \dfrac{0.9 \text{ N/mm} \times (1,000 \text{ mm})^2}{8}$

$\qquad = 112,500 \text{ N/mm}$

○曲げ応力度σを求める。

$$\sigma = \frac{M}{Z}$$

$$= \frac{112{,}500 \text{ N/mm}}{3{,}550 \text{ mm}^3}$$

$$= 31.69 \text{ N/mm}^2$$

$$\frac{\sigma}{Lfb} = \frac{31.69 \text{ N/mm}^2}{156 \text{ N/mm}^2} = 0.203$$

$$0.203 < 1.0 \quad \therefore \text{OK}$$

許容値100%に対し、σが20%ほどなので曲げに対しOKとする。

◆せん断の検討

○最大せん断力Qを求める。

$$Q = \frac{wL}{2} = \frac{0.9 \text{ N/mm} \times 1{,}000 \text{ mm}}{2}$$

$$= 450 \text{ N}$$

○せん断力応力度τを求める。

$$\tau = \frac{Q}{A} = \frac{450 \text{ N}}{564.4 \text{ mm}^2}$$

$$= 0.797 \text{ N/mm}^2$$

$$\frac{\tau}{Lfs} = \frac{0.797 \text{ N/mm}^2}{90 \text{ N/mm}^2} = 0.008$$

$$0.008 < 1.0 \quad \therefore \text{OK}$$

許容値100%に対し、σが0.8%なのでせん断に対しOKとする。

◆たわみの検討

最大たわみδを求める。

$$\delta = \frac{5 \times w \times L^4}{384 \times E \times I} = \frac{5 \times 0.9 \text{ N/mm} \times (1{,}000 \text{ mm})^4}{384 \times 205{,}000 \text{ N/mm}^2 \times 126{,}000 \text{ mm}^4}$$

$= 0.453 \text{ mm}$

$$\frac{\delta}{L} = \frac{0.453 \text{ mm}}{1{,}000 \text{ mm}}$$

$= \dfrac{1}{2{,}207} < \dfrac{1}{300} \quad \therefore \text{OK}$

たわみ量が、**0.4 mm**と微小なのでたわみに対し**OK**とする。

◆端部のせん断の検討

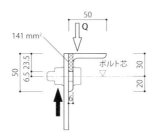

$Q = 450 \text{ N}$

・端部の断面積As

$As = 6 \text{ mm} \times 23.5 \text{ mm}$

$\quad = 141 \text{ mm}^2$

○せん断力応力度τaを求める。

$$\tau a = \frac{Q}{As} = \frac{450\,\text{N}}{141\,\text{mm}^2}$$

$$= 3.191\,\text{N/mm}^2$$

$$\frac{\tau a}{Lfs} = \frac{3.191\,\text{N/mm}^2}{90\,\text{N/mm}^2} = 0.035$$

$$0.035 < 1.0 \quad \therefore \text{OK}$$

許容値**100%**に対し、τが**3.5%**なのでせん断に対し**OK**とする。

ここまでの検討により、

本計算の根太材：**L−50×50×6**は、安全とする。

2章

力のつり合いを
身につけよう

部材は、なぜ、壊れるかご存知でしょうか。
なぜ、安全だと言えるのでしょうか。
それを数字で表す方法を身につけましょう。

▶ **はじめに、壊れる姿を見てみましょう。**

構造物は、外からの力（外力）に耐えることが使命です。外力に応えて押し返す力を応力と呼びます。応力は、外力と同じ大きさで押し返し、両者がつり合うことで、部材は原形を保ちます。そして外力が、部材が持つ応力の限界を超えると、残念ながら、その部材は壊れます。

構造計算は、このような力の押し合いをこの目で見たいと望んだ先人が考え出したと思うのです。

そこで本章では、部材の中で起こっている力のつり合いを目で見る方法を表します。これを身につける人は、「構造計算は手の中にある」といえます。

はじめは、そのゴールともいえる部材が壊れる場面に立ち会います。その瞬間を捉えるのが、次の式です。

$\sigma \leqq f$ ……式2-1

この式のσ（応力度）とf（許容応力度）について明らかにしましょう。

図2-1を見てください。直方体の部材があります。ここに外力が作用します。このとき部材の内側から同じ大きさの力で押し返す力が現れます。この力を応力と称します。応力の単位はN（ニュートン）です（図2-2）。二つの力のつり合いにより、部材は形を保ちます。

このときの部材断面1mm²（単位面積）当たりの応力を応力度と称します。応力度の単位はN/mm²です。

応力度は一般にσ（シグマ）で表します。

応力度を応力といい表すこともあるようですが、ここでは、二つを分けています。

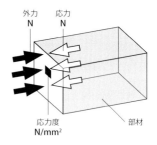

図2-1

図2-2 荷重の単位kgとN

ここで、ニュートン（N）とkgの関係を確認しておきます。

重量はkgで表します。一方、建築基準法の荷重の単位はN（ニュートン）です。Nは、力の単位です。このことから荷重は、「力」です。

1kgを動かす力は、1kgfです。
1kgf=9.80665Nです。
この関係を理解したうえで便宜的に1kg（重量）=9.80665Nとして解釈し、換算することがあります。

図2-3は図2-1とは力の方向が反対です。力の方向がプラスからマイナスに変わっても、応力度の意味は同じです。

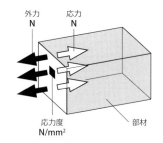

図2-3

▶ 許容応力度（f）とは

　図2-4は、鉄材を引張るときの、材の伸び（横軸）と力の大きさ（縦軸）を示すグラフです。

　力が0（ゼロ）のとき、材の伸びは0です。力が大きくなるにつれて、材は伸びます。A点までは、力と伸びは正比例です。それ以降グラフは揺れます。やがてB点で引張力は最大になり、X点で破断します。

　図2-5は、鉄の板の様子です。矢印が大きいほど力が大きくなります。図中のA点とX点は図2-4のグラフに対応しています。

　A点までは、引張る力を取り除くと、材は元の形に戻ります。A点を過ぎると板に変形が始まり、元の形には戻らなくなります。やがて亀裂が入り、破断します。

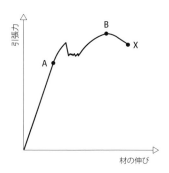

図2-4

　図2-6のA点を許容応力度と称します。許容応力度はfで表します。

　一般に構造計算において「計算する」ということは、応力度を求めることを指します。そして、σがfを超えなければOKと判定します。

　$\sigma = f$ もOKの範囲内です。

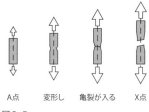

図2-5

▶ 力の流れを図で覚えましょう。

　部材に作用する力の分布を表すグラフ図があります。このグラフ図を使えば、部材に作用する力を図の形で覚えることができます。これは力をイメージできる便利なものです。そこで、このグラフの応力度を求める方法を紹介します。右の図と照らし合わせて、本文を読み進めてください。

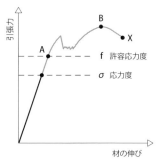

図2-6

2章　力のつり合いを身につけよう　39

図2-7を見てください。点Aの△印は、回転する支点です。C点に力Pが作用します。すると、このシーソーは点線のように傾きます。このとき点Aはねじられます。このように、ねじる作用をモーメントと称します。Pによる点Aに生じるモーメントMの値は次式で求めます。

$M = $ 力の大きさ（N）×支点との距離（mm）

$M = P \times L$

単位はNmmです。

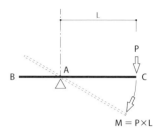

図2-7

▶ **力のつり合いはモーメントのつり合いです。**

図2-8では、シーソーが水平を保つよう点Bに力Rを加えます。このときの力Rによる点Aに生じるモーメントMRの値は次式で求めます。

$MR = R \times LR$

シーソーは$MR = M$となり、点Aでつり合います。このように力のつり合いとは、モーメントのつり合いです。

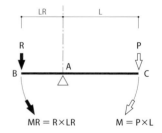

図2-8

▶ **シーソーの形を変えましょう。**

図2-9は、点Aが回転支点です。

・点CにPが作用します。
・PによるモーメントMを求めます。
・そのために、Pと回転支点Aとの距離を求めます。

力Pの方向（矢印）に平行で、かつ、回転支点Aを通る基準線1を引きます。基準線1と点Cの距離Lがそれです。

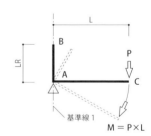

図2-9

▶ **シーソーのつり合いを考えます。**

・図2-10では、シーソーが回転しないよう、点Bに力Rを加えます。
・Rと回転支点Aとの距離を求めます。

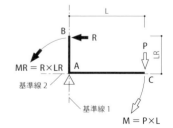

図2-10

回転支点Aを通り、力Rの方向に平行な基準線2を引きます。点Bと基準線2との距離LRがそれです。

これにより、RによるモーメントMRは次式で求めます。

$MR = R \times LR$

図2-11は、MとMRの関係です。ここから、Pにつり合う力Rを求めることができます。

これが、本書で紹介する構造計算の基本です。

$M = MR$
$P \times L = R \times LR$
$R = \dfrac{P \times L}{LR}$

図2-11

▶ シーソーの形が変わります。

図2-12は、点Aが回転支点です。
・点CにPが作用します。
・PによるモーメントMを求めます。
・そのために、Pと回転支点Aとの距離を求めます。

力Pの方向（矢印）に平行で、かつ、回転支点Aを通る基準線1を引きます。基準線1と点Cの距離Lがそれです。

お気づきだと思いますが、図2-12と図2-9の説明文は、全く同じです。

これに続いて、図2-9〜11へと進むと、図2-12の力Rを求めることができます。

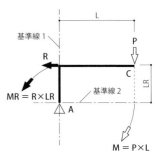

図2-12

2章　力のつり合いを身につけよう　41

▶ **モーメントの距離は、基準線と力の方向（矢印）との距離です。**

　ここで図2-8を見返してください。力が作用する点B、Cと回転支点Aは、水平に並んでいます。これに対して図2-12は、各点の位置関係が違います。各点の位置関係が変わっても、モーメントの距離は、基準線と力の方向との距離です。

▶ **そしてさらに、シーソーの形が変わります。**

　図2-13の回転支点Aと力P、力Rの位置に注目してください。これに対応する基準線1と2を引きます。

　これにより、LとLRが決まり、モーメントのつり合いが見えてきます。

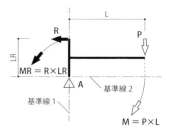

図2-13

　図2-14は、図2-13を90度回転しています。力Pと力Rによるモーメントのつり合いを確認してください。

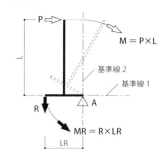

図2-14

図2-15は、手摺の支柱とベースプレートをイメージした模式図です。

・支柱の先端に水平の力Pが作用します。
・これを支えるボルト芯に、力Rが作用します。
・回転支点は、ベースプレートの端を想定しています。
　各点と力を確認して、つり合いを見てください。

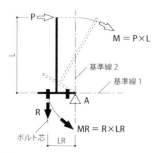

図2-15

図2-16は、図2-15の姿図です。

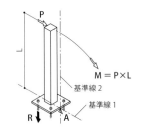

図2-16

図2-17は、壁付けのブラケット手摺を想定した図です。

　L形のフラットバー支柱とベースプレートです。ベースプレートは壁面にアンカーボルトで固定します。

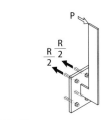

図2-17

図2-18は、図2-17の模式図です。

　支柱の先端にPが作用します。PとRに対する基準線は、たまたま同じ位置になります。

　回転支点はAです。MとMRのつり合いを確認してください。

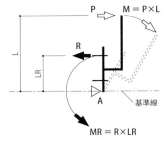

図2-18

図2-19はPが、図2-18とは逆方向です。

　二つの図を見比べて関係を確認してください。

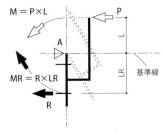

図2-19

▶ **部材を曲げる作用なので、曲げモーメントと称します。**

　図2-20は、回転支点Aで支える梁BACです。モーメントMとMRでつり合います。これは、図のように梁を曲げる作用となります。このように材を曲げるモーメントを曲げモーメントと称します。

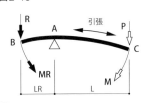

図2-20

2章　力のつり合いを身につけよう　43

図2-21は、二つのモーメントの関係を式で表しています。

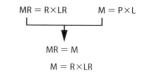
図2-21

モーメントは、時計回りをプラス、その逆をマイナスとします。

　図2-22を透明ガラスに書いて裏側に回れば、プラスとマイナスが逆になるではないか、との指摘があるかもしれませんが、その通りです。プラスとマイナスは、計算する際の便宜上の約束です。

図2-22

▶ シーソー編：モーメント図の書き方を手に入れましょう。
　ここまで学んだ性質と計算方法を使い、モーメントをグラフ図で表しましょう。グラフ化によって、部材に作用する力は、目に見える形を現します。

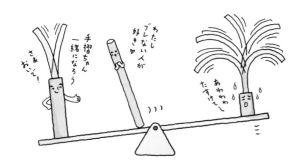

　図2-20のモーメントMRとMをグラフにします。図2-23を見てください。
・梁B-A-Cを点Aで二つに分けます。
・図2-23の上段図は、B-A側のモーメントグラフです。
・点Bに力Rが作用します。
・点Bは、梁長さ$LR=0$なのでモーメント$MR=0$です。
・梁長さLRは点Aで最大となり、モーメントMRは点Aで最大です。

ここまでをグラフ化すると、モーメントは図中の三角

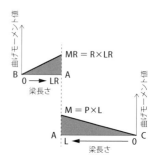
図2-23

形で分布することが分かります。
・下段図は、A-C側です。
・梁A-Cの点Cに力Pが作用します。
・点Cは、梁長さ$L=0$なのでモーメント$M=0$です。
・梁長さLは点Aで最大となり、Mは点Aで最大です。
・MRとMは、点Aで同じ大きさです。

図2-23のB-AとA-Cを重ね合わせると
図2-24になります。

点Aで$MR=M$です。

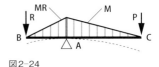

図2-24

▶ 単純梁編：モーメント図の書き方を手に入れましょう。

ここまで、シーソーのモーメント図を描きました。この考えを延長すると、両端を留めた梁に作用するモーメントを知ることができます。この梁を単純梁と称します（単純梁の仕組みは、図2-39を参照）。ここからは、そのモーメント図の書き方を見ていきます。

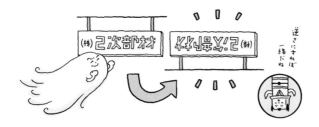

図2-25は、図2-20と同じシーソー梁です。

図2-25は、点Aに力Sを書き加えました。これにより図の上下方向もつり合い、梁はその場にとどまります。

この上下をひっくり返すと、力の関係は図2-26の単純梁と同じになります。

図2-27から、単純梁のモーメント図を書きます。

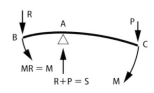

図2-25

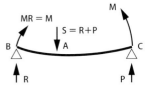

図2-26

2章　力のつり合いを身につけよう　45

図2-27は、点AのモーメントMRaを求めます。

モーメントは、求める点の左側に起こるモーメントを合計して求めます。

点Aのモーメントは力RによるモーメントMRaです。

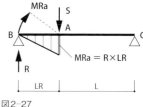
図2-27

図2-28は、点Cのモーメントを求めます。

点Cから左側には、二つの力Rと力Sがあります。この二つの力による二つのモーメントを合計します。

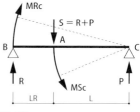
図2-28

図2-29は、図2-28を計算式で表しました。

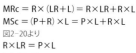

MRc = R×(LR+L) = R×LR+R×L
MSc = (P+R)×L = P×L+R×L
図2-20より
R×LR = P×L
したがって
点cのモーメントMcは下式となります。
Mc = (R×LR)+(R×L)−(P×L)
　　　−(R×L)
　　= (R×L)−(R×L)
　　= 0
これにより、Mc, MRc, MSc の関係は下式となります。
Mc = MRc +(−MSc) = 0

図2-29

▶ **図2-30は、モーメント図の完成です。**

グラフは、梁が引っ張られる側に描きます。これにより、モーメント図を見れば、曲がる様子をイメージ（可視化）することができます。

梁を曲げるのは、曲げモーメントです。設計のポイントは、プラス、マイナスという力の方向ではありません。梁は、曲げモーメントの最大値（絶対値）に耐えるよう設計します。

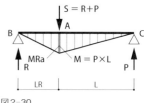
図2-30

▶ **片持ち梁の力のつり合いからモーメント図を書きましょう。**

ここからは、力のつり合いを使って、片持ち梁のモーメント図を描きます。

建物の窓を雨や日差しから守る庇や、床に固定された手摺のように、片側を固定した梁の構造を、片持ち梁と称します（片持ち梁の仕組みは、図2-40を参照）。
　片持ち梁と単純梁は共に、建築構造を学ぶうえでの基本形だといえます。構造計算は、これを基にして様々な形の複雑な構造に派生します。ここで基本の形をしっかり理解しましょう。これまでと同様に、図と照らし合わせて本文を読み進んでください。

図2-31は、図2-25の点Aからの右側半分です。
　PによるモーメントMが作用します。これに対して、点Aに反対方向のモーメントMが作用して梁が回転してしまうことを防ぎます。
　これは点Aが固定されている、図2-32と同じ状況です。

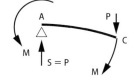
図2-31

図2-32の要領で点Aから左側を表すと図2-33になります。

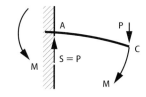
図2-32

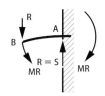
図2-33

図2-34は、図2-33のモーメント図です（図2-23にならって描きます）。

図2-34

2章　力のつり合いを身につけよう　47

RとSの二つの力の押し合いにより、図2-35のように梁が曲がります。

その力の押し合いは、梁の微細な部分にも間断なく起こります。これは、梁を切る作用となります。この作用をせん断と称します。

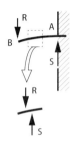

図2-35

せん断力を求めるときには、その点から左側の力を合計します。

図2-36のように大根をまな板に置いて、切り口から右の力の合計で切ります。

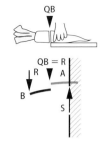

図2-36

せん断力は、図2-37のように図示します。これは片持ち梁のせん断力図です。プラス、マイナスは計算する際の便宜上の約束です。

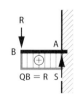

図2-37

図2-38は、単純梁のせん断力図です。

せん断力図は、求める点の左側に作用する力の合計です。このことから、点Aを境にプラスとマイナスが入れ替わります。

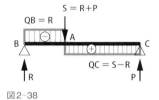

図2-38

▶ 単純梁の仕組み

単純梁は、両端拘束の梁です。その片端が回転端、反対端が移動端です。回転端は、図2-39のように梁の端をつかんで回転します。移動端は回転に加えて移

動します。これにより、梁に荷重が作用しても梁が伸びて壊れることを防ぎます。

　単純梁の両端は回転するので、両端では曲げモーメントは起こりません。図2-30は、その状況を表しています。

　なお、建築では目に見えて移動する移動端は見当たりませんが、計算上は単純梁として扱います。その解釈は、のちに述べます。

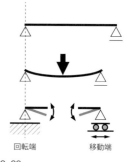

図2-39

▶ 片持ち梁の仕組み

　図2-40は、片持ち梁です。片持ち梁は、片端を固定し、反対端を拘束しません。手摺や庇などの形です。

　固定端は、曲げモーメントを伝えるのが特徴です。片持ち梁の先端に力が作用すると、図2-34のように、曲げモーメントは固定端で最大です。

　固定端は、回転端や移動端とは違い、動かないことが特徴です。この拘束部を剛とも称します。

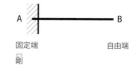

図2-40

2章　力のつり合いを身につけよう　49

2章のまとめ

○力の分布を形で覚えましょう

下図は、単純梁の最大曲げモーメント、最大せん断力、最大たわみを求める公式と、その分布と形を表す図です。このように、形で覚えると判断が速くなり、考えの整理に有効です。詳細な数値はともかく、図は、暗記すると力になります。

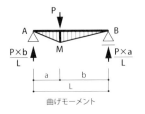
曲げモーメント

最大曲げモーメントMを求める式

$$M = P \times \frac{a \times b}{L}$$

曲げ

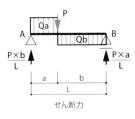
せん断力

最大せん断力Qを求める式
荷重Pの方向をプラスとして

$$Qa = -\frac{P \times b}{L}$$

$$Qb = \frac{P \times a}{L}$$

せん断

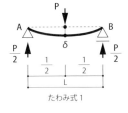
たわみ式1

たわみ式2

最大たわみδ（デルタ）を求める公式

$$\delta = \frac{P \times L^3}{48 \times E \times I} \quad \cdots\cdots 式1$$

梁中点のたわみδを求める公式
$a \leq b$

$$\delta = \frac{P \times a \times (3L^2 - 4a^2)}{48 \times E \times I} \quad \cdots\cdots 式2$$

式2に$L = \frac{1}{2}$を代入すると、式1になる

たわみ

＊式2は『建築応用力学』（小野薫・加藤渉共著、共立出版）を基にしています。

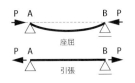

圧縮力Nを求める式

$$N = P$$

引張力Tを求める式

$$T = P$$

○たわみは、許容値を超えても、壊れるとは限りません。

　曲げとせん断の検討では、許容応力度（f）を許容値としています。ここでOUTとなれば、その部材は、直ちに危険と判定することになります。これに対して、たわみは、『鋼構造許容応力度設計規準』（日本建築学会）に依ります。

　この規定により、たわみは、直ちに材が壊れる限界を測る事柄ではないと分かります。たわみで採用されている許容値は、以下に抜粋、引用していますので、確認してください。

日本建築学会『鋼構造許容応力度設計規準』「8章変形　8.1梁のたわみ」
（1）梁材
a）長期に作用する荷重に対する梁材のたわみは、通常の場合はスパンの1/300以下、片持梁では1/250以下とする。ただし、母屋・胴縁などについては、その仕上げ材に支障を与えない範囲でこの限界を超えることができる。以下略

○単純梁のモーメントを求める手順

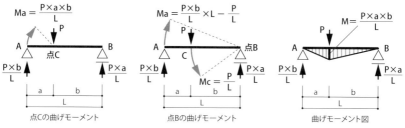

○単純梁のせん断力図を求める手順

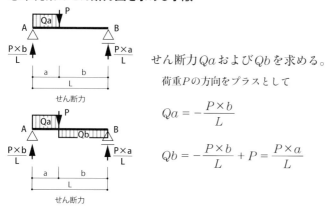

せん断力QaおよびQbを求める。

　荷重Pの方向をプラスとして

$$Qa = -\frac{P \times b}{L}$$

$$Qb = -\frac{P \times b}{L} + P = \frac{P \times a}{L}$$

2章　力のつり合いを身につけよう　51

○片持ち梁の各応力を求める公式

最大曲げモーメントMを求める式

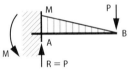
曲げモーメント

$$M = P \times L$$

回転端　　自由端
曲げ

最大せん断力Qを求める式
荷重Pの方向をプラスとして
$$Q = P$$

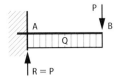
せん断力

せん断

最大たわみδを求める式

$$\delta = \frac{P \times L^3}{3 \times E \times I}$$

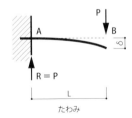
たわみ

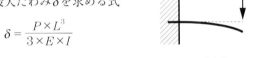
たわみ

引張力Tを求める式
$$T = P$$

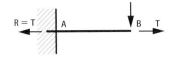
引張

圧縮力Nを求める式
$$N = P$$

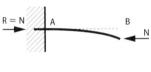
座屈

▶ **単純梁と片持ち梁を検討する計算書のフォーマット**

ここからは、単純梁と片持ち梁の曲げ、せん断、たわみを検討するときの計算書の形（フォーマット）です。1章と見比べて実践の参考にしてください。

 片持梁＋集中荷重＋曲げの検討

・荷重Pを求める。
　$P =$ 荷重を求める式 = 答え N
・最大曲げモーメントMを求める。
　$M = P \times L =$ 値代入式 = 答え Nmm
・曲げ応力度σを求める。
　断面係数　$Z =$ 値 mm^3

　　$\sigma = \dfrac{M}{Z} =$ 値代入式 = 答え N/mm^2

許容曲げ応力度　$fb =$ 値 N/mm^2

　　$\dfrac{\sigma}{fb} \leqq 1.0$　∴ OK

　　$\dfrac{\sigma}{fb} > 1.0$　∴ OUT

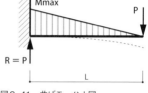

図2-41　曲げモーメント図

2章　力のつり合いを身につけよう

片持梁＋集中荷重＋せん断の検討

・荷重Pを求める。
　$P =$ 荷重を求める式 $=$ 答え N
・最大せん断力Qを求める。
　$Q = P$
・せん断応力度τを求める。
　断面積　$A =$ 値 mm^2

$$\tau = \frac{Q}{A} = 値代入式 = 答え \text{ N/mm}^2$$

　許容せん断応力度　$fs =$ 値 N/mm^2

$$\frac{\tau}{fs} \leqq 1.0 \quad \therefore \text{OK} \qquad \frac{\tau}{fs} > 1.0 \quad \therefore \text{OUT}$$

図2-42　せん断力図

 片持梁＋集中荷重＋たわみの検討

・荷重Pを求める。
　$P =$ 荷重を求める式 $=$ 答え N
・最大たわみδを求める。
　部材長さ $= L$ mm
　断面2次モーメント　$I =$ 値 mm^4
　ヤング係数　$E =$ 値 N/mm^2

$$\delta = \frac{P \times L^3}{3 \times E \times I} = 値代入式 = 答え \text{ mm}$$

$$\frac{\delta}{L} = 値代入式 = \frac{1}{○○○}$$

　分子が1の分数にする

$$\frac{1}{○○○} \leqq \frac{1}{250} \quad \therefore \text{OK} \qquad \frac{1}{○○○} > \frac{1}{250} \quad \therefore \text{OUT}$$

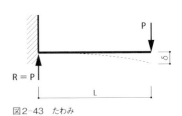
図2-43　たわみ

片持梁＋等分布荷重＋曲げの検討

・荷重 w を求める。
 w = 荷重を求める式 = 答え N/mm
・最大曲げモーメント M を求める。
 $M = \dfrac{w \times L^2}{2}$ = 値代入式 = 答え Nmm

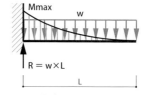

図2-44　曲げモーメント図

・曲げ応力度 σ を求める。
 断面係数　Z = 値 mm^3

 $\sigma = \dfrac{M}{Z}$ = 値代入式 = 答え N/mm^2

 許容曲げ応力度　fb = 値 N/mm^2

 $\dfrac{\sigma}{fb} \leqq 1.0$　∴ OK

 $\dfrac{\sigma}{fb} > 1.0$　∴ OUT

片持梁＋等分布荷重＋せん断の検討

- 荷重 w を求める。
  $w =$ 荷重を求める式 $=$ 答え N/mm
- 最大せん断力 Q を求める。
  $Q = w \times L =$ 値代入式 $=$ 答え N
- せん断応力度 τ を求める。
  断面積　$A =$ 値 mm^2

  $\tau = \dfrac{Q}{A} =$ 値代入式 $=$ 答え N/mm^2

  許容せん断応力度　$fs =$ 値 N/mm^2

  $\dfrac{\tau}{fs} \leqq 1.0$　∴ OK　　$\dfrac{\tau}{fs} > 1.0$　∴ OUT

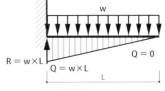

図2-45　せん断力図

 片持梁＋等分布荷重＋たわみの検討

- 荷重 w を求める。
  $w =$ 荷重を求める式 $=$ 答え N/mm
- 最大たわみ δ を求める。
  部材長さ $= L$ mm
  断面2次モーメント　$I =$ 値 mm^4
  ヤング係数　$E =$ 値 N/mm^2

  $\delta = \dfrac{w \times L^4}{8 \times E \times I} =$ 値代入式 $=$ 答え mm

  $\dfrac{\delta}{L} =$ 値代入式 $= \dfrac{1}{\bigcirc\bigcirc\bigcirc}$

  　　　　　分子が1の分数にする

  $\dfrac{1}{\bigcirc\bigcirc\bigcirc} \leqq \dfrac{1}{250}$　∴ OK　　$\dfrac{1}{\bigcirc\bigcirc\bigcirc} > \dfrac{1}{250}$　∴ OUT

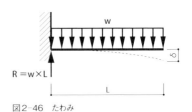

図2-46　たわみ

単純梁＋集中荷重＋曲げの検討

・荷重Pを求める。
　$P = $ 荷重を求める式 $=$ 答え N
・最大曲げモーメントMを求める。
　$M = P \times \dfrac{a \times b}{L} = $ 値代入式 $=$ 答え Nmm
・曲げ応力度σを求める。
　断面係数　$Z = $ 値 mm^3

　$\sigma = \dfrac{M}{Z} = $ 値代入式 $=$ 答え N/mm^2

　許容曲げ応力度　$fb = $ 値 N/mm^2

　$\dfrac{\sigma}{fb} \leqq 1.0$　$\therefore$ OK　　$\dfrac{\sigma}{fb} > 1.0$　$\therefore$ OUT

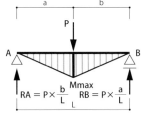
図2-47　曲げモーメント図

 単純梁＋集中荷重＋せん断の検討

・荷重Pを求める。
　$P = $ 荷重を求める式 $=$ 答え N
・最大せん断力Qを求める。
　$Q = P \times \dfrac{b}{L} = $ 値代入式 $=$ 答え N
・せん断応力度τを求める。
　断面積　$A = $ 値 mm^2

　$\tau = \dfrac{Q}{A} = $ 値代入式 $=$ 答え N/mm^2

　許容せん断応力度　$fs = $ 値 N/mm^2

　$\dfrac{\tau}{fs} \leqq 1.0$　$\therefore$ OK　　$\dfrac{\tau}{fs} > 1.0$　$\therefore$ OUT

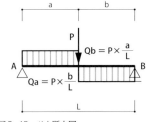
図2-48　せん断力図

2章　力のつり合いを身につけよう

単純梁+集中荷重+たわみの検討

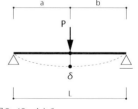

図2-49 たわみ

・荷重Pを求める。
　$P=$荷重を求める式$=$答え N
・最大たわみδを求める。
　部材長さ$=L$ mm
　断面2次モーメント　$I=$値 mm^4
　ヤング係数　$E=$値 N/mm^2
　$a<b$

$$\delta = \frac{P \times a \times (3L^2 - 4a^2)}{48 \times E \times I} = 値代入式$$

$$= 答え \text{ mm}$$

$$\frac{\delta}{L} = 値代入式 = \frac{1}{\bigcirc\bigcirc\bigcirc}$$

　　　　分子が1の分数にする

$$\frac{1}{\bigcirc\bigcirc\bigcirc} \leqq \frac{1}{300} \quad \therefore \text{OK}$$

$$\frac{1}{\bigcirc\bigcirc\bigcirc} > \frac{1}{300} \quad \therefore \text{OUT}$$

単純梁＋等分布荷重＋曲げの検討

・荷重 w を求める。
　$w =$ 荷重を求める式 $=$ 答え N/mm
・最大曲げモーメント M を求める。
　$M = \dfrac{w \times L^2}{8} =$ 値代入式 $=$ 答え Nmm
・曲げ応力度 σ を求める。
　断面係数　$Z =$ 値 mm^3

　$\sigma = \dfrac{M}{Z} =$ 値代入式 $=$ 答え N/mm^2

　許容曲げ応力度　$fb =$ 値 N/mm^2

　$\dfrac{\sigma}{fb} \leqq 1.0$ 　∴ OK

　$\dfrac{\sigma}{fb} > 1.0$ 　∴ OUT

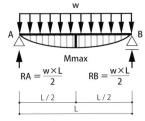

図2-50　曲げモーメント図

単純梁＋等分布荷重＋せん断の検討

- 荷重wを求める。
  $w = $ 荷重を求める式 = 答え N/mm
- 最大せん断力Qを求める。
  $Q = \dfrac{w \times L}{2} = $ 値代入式 = 答え N

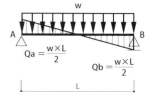

図2-51　せん断力図

- せん断応力度τを求める。
  断面積　$A = $ 値 mm^2

  $\tau = \dfrac{Q}{A} = $ 値代入式 = 答え N/mm^2

  許容せん断応力度　$fs = $ 値 N/mm^2

  $\dfrac{\tau}{fs} \leqq 1.0 \quad \therefore \mathrm{OK} \qquad \dfrac{\tau}{fs} > 1.0 \quad \therefore \mathrm{OUT}$

 単純梁＋等分布荷重＋たわみの検討

- 荷重wを求める。
  $w = $ 荷重を求める式 = 答え N/mm
- 最大たわみδを求める。
  部材長さ $= L$ mm
  断面2次モーメント　$I = $ 値 mm^4
  ヤング係数　$E = $ 値 N/mm^2

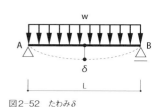

図2-52　たわみδ

  $\delta = \dfrac{5 \times w \times L^4}{384 \times E \times I} = $ 値代入式 = 答え mm

  $\dfrac{\delta}{L} = $ 値代入式 $= \dfrac{1}{\bigcirc\bigcirc\bigcirc}$

　　　分子が1の分数にする

  $\dfrac{1}{\bigcirc\bigcirc\bigcirc} \leqq \dfrac{1}{300} \quad \therefore \mathrm{OK} \qquad \dfrac{1}{\bigcirc\bigcirc\bigcirc} > \dfrac{1}{300} \quad \therefore \mathrm{OUT}$

3章

法規の使い方

構造計算は、法律をはじめとした公の
約束事に対応することで、
自信の持てる計算書となります。

計算書を書き手と読み手の両者の間に置いて「誠に、その通り」と、納得と信用を得る。この光景が、本書が目指す計算書の在り方です。

それを実現するには、両者が互いに認め合う枠組みを用意しなければなりません。野球ならばストライクゾーン、サッカーならばゴール枠、バスケットボールならばゴールリングに当たります。そこに入ったボールは、投入した選手の技術や経験や立場にかかわりなくストライクであり、点が入ります。

この枠を建築に置き換えれば、建築基準法に当たります。建築基準法に書いてある事柄は、日本国内の建物づくりにおいて順守する義務があるからです。これを実務的に見れば、その実態は、多くの文献の「総合」です。具体的には、建築基準法に関連して、同施行令、告示、さらに関連業界団体などが定めている規定、指針などです。計算書を書くとき、これらの文献を根拠とすれば、あなたの投げたボールはストライクゾーンに向かうことになります。

根拠となる文献は、膨大です。これを1ページずつ読み込むことは、果てしない作業に思えます。経験からいえば、必要箇所は、全体の中のごく一部という場合もあります。本書の趣旨は、忙しい方々の手助けにあります。そこで本章では、私たちの経験をふまえて、重要だと思われる事柄、よく遭遇する事柄について、紹介します。

図3-1は、根拠となる文献の範囲を整理したものです。根拠は、建築基準法を始まりとしてこのような順で探します。

本章は、右欄の図を参照しながら本文を読み進んでください。

図3-2は、建築基準法の第一章の抜粋引用です。建築基準法で、知っておきたい事柄です。

図3-3は第2条の第一号、建築物の定義です。その

① 建築基準法

② 建築基準法施行令

③ 国土交通省（建設省）告示
　その他の政令

④ 鋼構造許容応力度設計規準
　日本建築学会による各指針
　JIS 規格
　その他　各業界の規定および指針

図3-1 「根拠となる文献」の範囲

第一章　総則
（目的）
第一条　この法律は、建築物の敷地、構造、設備及び用途に関する最低の基準を定めて、国民の生命、健康及び財産の保護を図り、もって公共の福祉の増進に資することを目的とする。

図3-2 建築基準法　総則

中の次の部分に注目してください。

これに附属する門若しくは塀、観覧のための工作物又は〈中略〉建築設備を含むものとする。

　上記の記載「附属する工作物や建築設備」から、建築金物をはじめとする建築2次部材は、建築基準法の範囲内だと解釈しています。

　ここまでを念頭に置いて、本章では、次の事柄を扱います。

・**荷重の根拠（根拠が書かれた文献）**
・**許容応力度の根拠**

▶ **荷重の根拠は施行令に書いてあります。**
　荷重は、建築基準法施行令第83条により五つの種類が決められています。図3-4は、その法文を引用しました。この中で注目したいのは「**次の各号に掲げるものを採用しなければならない**」の部分です。
　これにより、荷重は五つに限定されるといえます。
　建築2次部材では、これに人が押す力を加えます。その根拠は『**建築物荷重指針・同解説**』（**日本建築学会**）の10.1.1です。
　ここまでのことから、荷重が持つ情報を図3-5にまとめました。一般に構造計算で使う荷重はこの六つの中から選ぶことになります。

（用語の定義）
第二条　この法律において次の各号に掲げる用語の意義は、それぞれ当該各号に定めるところによる。

一　建築物　土地に定着する工作物のうち、屋根及び柱若しくは壁を有するもの（これに類する構造のものを含む。）、これに附属する門若しくは塀、観覧のための工作物又は地下若しくは高架の工作物内に設ける事務所、店舗、興行場、倉庫その他これらに類する施設（鉄道及び軌道の線路敷地内の運転保安に関する施設並びに跨線橋、プラットホームの上家、貯蔵槽その他これらに類する施設を除く。）をいい、建築設備を含むものとする。

図3-3　用語の定義（抜粋）

（荷重及び外力の種類）
第八十三条　建築物に作用する荷重及び外力としては、次の各号に掲げるものを採用しなければならない。
一　固定荷重
二　積載荷重
三　積雪荷重
四　風圧力
五　地震力

2　前項に掲げるもののほか、建築物の実情に応じて、土圧、水圧、震動及び衝撃による外力を採用しなければならない。〈以降省略〉

図3-4　建築基準法施行令第83条

3章　法規の使い方　　63

▶ **構造計算で使う荷重には次の情報があります。**

力の方向

その部材に作用する力の方向により、図3-5のように、検討する項目が決まります。

計算の単位

荷重を求めるときの単位は、図3-5の通りです。

短期と長期

長期荷重は、常に作用し続ける荷重です。短期荷重は、そのときの条件によって作用する荷重です。

計算では長期と短期の応力度には、それぞれ長期と短期の許容応力度 f が対応します。

$$\sigma \leqq f \quad \cdots\cdots 式2\text{-}1$$

σ：応力度

f：許容応力度

このときの σ は、下式です。

$$\sigma = \frac{長期の荷重}{部材の断面積} \quad \cdots\cdots 長期の応力度$$

$$\sigma = \frac{短期の荷重}{部材の断面積} \quad \cdots\cdots 短期の応力度$$

図3-6は、六つの各荷重の根拠です。建築基準法など関係する文献を手元に置いて、ここまでを確認してください。

経験上、建築2次部材で頻繁に登場する「荷重」に、風圧力、地震力、人が押す力があります。そこで、それらの根拠について私たちの見解を示します。

▶ **風圧力の根拠は施行令と告示に書いてあります。**

風圧力は、建物に大きな影響を及ぼす荷重です。高い階層の建物では（2次部材のためだけに、改めて計算をして求めることはまれで）あらかじめ、設計用の値が求められているのが通常です。

そこで、私たちがはじめに行うことは、風圧力の有

図3-5　荷重が持つ情報

図3-6　荷重の根拠

無の確認です。それが設計図書に記載されていることも多くありますので注意が必要です。そのうえで、2次部材用の値が必要と判断したときに、計算します。

2次部材の多くは、壁面への風圧力に耐えることを求められます。そこで「**建築基準法施行令第87条および建設省告示第1454号ならびに1458号**」を根拠として、帳壁計算の手順を示します。

▶ 風圧力計算の概要

建築基準法施行令第87条によれば「**風圧力は、速度圧に風力係数を乗じて計算しなければならない**」とあります。これを求めるために施行令第83条の4と建設告示第1454号および1458号を照らし合わせて計算の手順を整理することは、とても複雑な作業です。そこでこれを図3-7にまとめました。図3-7に沿って風圧力計算の全体像を理解しましょう。

はじめに、計算に必要なEr、Vo、Cpe、Gpe、Cpi、Gpiの各値を求めます（図中の□印）。これらを順に計算し、風圧力wを求めます。

速度圧q

図3-7の1段目の枝を見てください。ここにVoである基準風速があります。この値は、建設省告示第1454号に規定されています。ここには、数値と地名の対応表が記載されています。図3-8は、その冒頭部分です。この表から、Voを選びます。

同じ枝の中にある地表面粗度区分Erは、当該建物の高さと周辺建物および環境から求める風圧の分布係数です。Ⅰ、Ⅱ、Ⅲ、Ⅳとして区分され、その計算式は前出の告示に示されています。

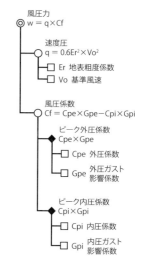

図3-7 風圧力の計算概要

図3-8
建設省告示第1454号
第2 令第87条第2項に規定するVoは、地方の区分に応じて次の表に掲げる数値とする（抜粋）。

3章 法規の使い方　65

風圧係数 Cf

図3-7の2段目の枝にある風圧係数 Cf は、下式で求めます。

$$Cf = (Cpe \times Gpe - Cpi \times Gpi)$$
$(Cpe \times Gpe)$：ピーク外圧係数
$(Cpi \times Gpi)$：ピーク内圧係数

外圧は、正圧
内圧は、負圧とも称します。

正圧と負圧の意味（図3-9）

壁に吹き付ける風圧力を正圧と呼びます。これに対し、吹き抜ける際の風圧力を負圧と呼びます。正圧と負圧は対で存在します。

風は圧力なので、壁に吹き付けた力は壁沿いに走り、軒天井にも影響を与えます。

このことから、壁面や屋根面などに向かう力を正圧とし、吹き抜ける力を負圧とします。

風圧係数は、そこに作用する一番大きい外圧と内圧の差の割合を計算しています。このことから風圧力は、そこに作用する正圧と負圧の差を求めているといえます。

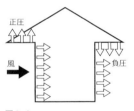

図3-9

▶ **地震力の根拠は告示を採用しています。**

建築物に作用する地震力は、建築基準法施行令第88条に規定されています。

図3-10を見てください。「**建設省告示第1449号**」の抜粋です。これは工作物に関する規定ですが「煙突、鉄筋コンクリート造の柱等、広告塔又は高架水槽及び擁壁並びに乗用エレベーター又はエスカレーターの構造計算の基準を改める件」と記載されています。

平成12年5月31日
建設省告示第1449号

煙突、鉄筋コンクリート造の柱等、広告塔又は高架水槽及び擁壁並びに乗用エレベーター又はエスカレーターの構造計算の基準を改める件

第1 〈省略〉
第2 令第138条第1項に規定する工作物のうち同項第三号及び第四号に掲げる広告塔又は高架水槽等並びに同条第2項第一号に掲げる乗用エレベーター又はエスカレーター（以下「広告塔等」という。）の構造計算の基準は、次のとおりとする。
一 広告塔等の構造上主要な部分の各部分に生ずる力を、次の表に掲げる式によって計算すること。

〈中略〉

K 地震力によって生ずる力
この場合において、地震力は、次の式によって計算した数値とするものとする。ただし、広告塔等の規模や構造形式に基づき振動特性を考慮し、実況に応じた地震力を計算できる場合においては、当該荷重とすることができる。

$$P = kw$$

この式において、P、k 及び w は、それぞれ次の数値を表すものとする。

P 地震力（単位：N）
k 水平震度（令第88条第1項に規定する Z の数値に 0.5 以上の数値を乗じて得た数値とする。）
w 広告塔等の固定荷重と積載荷重との和（令第86条第2項ただし書の規定による多雪区域においては、更に積雪荷重を加えたものとする。）（単位：N）

図3-10 建設省告示第1449号より抜粋

上記の記載があることから、許容応力度計算法を用いる2次部材では、荷重に関して同告示を拠り所とすることが、本書の判断です。
　同告示を手元に置いて、確認してください。

　続いて「K地震力について」の記述があります。これによれば、地震力は下式で求めます。

　　地震力　$P = k \cdot w$　……式3-1

　w：図3-10を参照してください
　k：水平震度
　　　注目するのは図3-10の次の記述です。
　　　（令第88条第1項に規定するZの数値に0.5以上の数値を乗じて得た数値とする）
　Z：建設省告示第1793号
　　　図3-11に引用した表より選ぶ数値

　地震力は集中荷重として作用します。（単位：N）
　建築2次部材では、その設置場所、形状、設置方法など考慮すべき条件が様々あります。したがって、力の大きさと作用する点について一律の判断は困難です。
　そこで、計算の諸条件について、その都度協議のうえ決めているのが実態です。

第1　Zの数値
Zは、次の表の左欄に掲げる地方の区分に応じ、同表右欄に掲げる数値とする。

	地方	数値
(1)	(2)から(4)までに掲げる地方以外の地方	1.0
(2)	北海道のうち 札幌市　函館市　小樽市　室蘭市 北見市　夕張市　岩見沢市　網走市 苫小牧市　小牧市　美唄市　芦別市 江別市　……以下略 青森県のうち 青森市　弘前市　黒石市　五所川原市　むつ市　東津軽郡　西津軽郡 中津軽郡　南津軽郡　北津軽郡　下北郡 秋田県 山形県　……以下略	0.9
(3)	北海道のうち 旭川市　留萌市　稚内市　紋別市 士別市　名寄市　上川郡（上川支庁）のうち鷹栖町　……以下略 山口県 福岡県　……以下略	0.8

〈以下略〉

図3-11
建設省告示第1793号

3章　法規の使い方　　67

▶ 建築設備の地震力の根拠

『建築設備耐震設計・施工指針』(日本建築センター)は設備機器を支える部材に関する耐震指針が記されています。

同指針では地震力について、図3-12の計算式が示されています。

注目するのは、①②③の計算式です。ここには、建築基準法との違いがありますので、根拠への理解が必要です。違いは、次の2点です。

1点目
①―式中の耐震クラスKsは、同指針独自の値です。

2点目
地震力が水平と鉛直の2方向あります。

②―設計用水平地震力　F_H

③―設計用鉛直地震力　F_V

このような点で、同指針と建築基準法では地震力の取り扱いが異なるため、同指針の理解が肝要です。

① 設計用水平震度　$K_H = Z × Ks$

　Z＝建設省告示第1793号に定めるZの値
　　＊断面係数とは無関係です
　Ks＝耐震クラス

　K_Hから、水平方向と鉛直方向の設計用地震力を求めます。

② 設計用水平地震力　$F_H = K_H × W$
③ 設計用鉛直地震力　$Fv = F_H × \frac{1}{2}$

W：設備機器の重量、ただし水槽においては満水時の液体重量を含む設備機器総重量（単位：kN）

図3-12

▶ 人が押す力の二つの根拠

ここでは二つの根拠を紹介します。

1
『建築物荷重指針・同解説』(日本建築学会)の第10章「10.1.1　人間の行動にともなう荷重」

2
「手摺の安全性に関する自主基準及び研究報告」(日

本金属工事業協同組合）

▶ **許容応力度の根拠は施行令と告示に書いてあります。**
　下式を満足すれば、その部材は安全と判断できます。

$\sigma \leq f$　……式2–1
σ：応力度
f：許容応力度

　構造計算で、許容応力度fは要の値です。この値の根拠をつかむことは、計算書の確かさを約束します。そこで許容応力度の根拠を確認しておきます。

　許容応力度は、建築基準法施行令により規定されています。図3–13は、鋼材等の許容応力度を示した**建築基準法施行令第90条**です。ここで許容応力度は、表一と表二に記載されています。

　表の具体的な内容は、当該法文を手元に置いて、確認してください。そして法文を確認したあと、これから解説する本文をお読みいただくと理解が深まるでしょう。

　図3–13の表一、表二で注目したいのは、表一の最下段に書かれている文面です。

この表において、Fは、鋼材等の種類及び品質に応じて国土交通大臣が定める基準強度（単位N/mm^2）を表すものとする。

　ここでF（基準強度）とは、図3–14に示す許容応力度です。この図は、2章図2–4のグラフに、Fを重ね合わせました。

　法文のFは、グラフのA点です。このことから、各材料の許容応力度（基準強度）を一般にF値と称します。Fは大文字です。

鋼材等の許容応力度は、次の表一又は表二の数値によらなければならない。
表一

表省略
この表において、Fは、鋼材等の種類及び品質に応じて国土交通大臣が定める基準強度（単位：N/mm^2）を表すものとする。

表二

表省略
この表において、Fは、表一に規定する基準強度を表すものとする。

図3–13　建築基準法施行令第90条

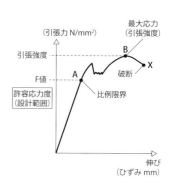

図3–14

▶ **許容応力度の短期と長期は施行令に書いてあります。**

　建築基準法施行令第90条の表一では、構造用鋼材の許容応力度を、図3-15のように表しています。F値を1.5で割った値を長期許容応力度としています。

　F値（基準強度）を、短期許容応力度としています。

　ここまでを根拠として、計算書には図3-16の関係を記載します。

長期に生ずる力に対する許容応力度			
圧縮	引張	曲げ	せん断
$\dfrac{F}{1.5}$	$\dfrac{F}{1.5}$	$\dfrac{F}{1.5}$	$\dfrac{F}{1.5\sqrt{3}}$

図3-15

許容せん断応力度　$fs = \dfrac{F}{\sqrt{3}}$

長期 $= \dfrac{短期}{1.5}$

図3-16

▶ **F値の具体的な数値は告示、JIS、メーカーカタログに書いてあります。**

　図3-17を見てください。建築2次部材では、F値がない鋼材を使うときがあります。F値がないときには、信頼の置ける根拠を見定めて、許容応力度を採用します。

　図中では根拠が告示に規定されているF値と、そうでない鋼材があります。ここで鋼材の、ステンレスボルトとステンレス建材に注目してください。ボルトは、告示にF値の規定があります。一方、建築金物でよく使われるステンレス建材は、JIS規格の値を根拠としています。両者は、材質は同じSUS 304ですが、告示のF値とJIS規格とで許容応力度が異なります。

　告示に従えば、SUS 304の許容応力度は、210 N/mm²を採用することになります。一方、JIS規格に従えば205 N/mm²となり、JIS規格の値を採用しているメーカーカタログも存在します。

　いずれを採用するかは、設計者の判断となるのでしょう。

　建設省告示第2464号には、この他の材料のF値も規定されています。法文を手元に置いて、確認してください。

鋼材	許容応力度 N/mm²	根拠
炭素鋼 SS 400	235	F 値 建設省告示 第2464号
炭素鋼 溶接		
構造用鋼材 SUS 304 A		
ステンレスボルト SUS 304	210	
ステンレス建材 SUS 304	205	JIS G 4304 機械的性質

図3-17

▶ **許容圧縮応力度fcは、計算で求めます。**

　圧縮力が作用すると、材は曲がります。この変形を座屈と称します。座屈は、両端の拘束や部材の断面形

状により変形の仕方が変わります。よって、条件と部材を考慮して、計算で求めます。

その手順は次の通りです。

1) 細長比λを求めます。

$$\lambda = \frac{L \times Lx}{i} \quad \cdots\cdots 式3\text{-}2$$

L：材の長さ

Lx：座屈長……材の両端の状況により決まる値（図3-18）

i：断面2次半径……**鋼材表から得ます**

2) 許容圧縮応力度表（図3-19）を使い、λから長期許容圧縮応力度 Lfc を得ます。

3) 圧縮応力度　$\sigma c = \dfrac{N}{A}$

N：圧縮力

A：断面積

$\dfrac{\sigma c}{Lfc} \leq 1.0$　ならばOK

許容圧縮応力度表は、鋼材のF値に対応した表を使います。このほか、国土交通省告示に、座屈の許容応力度を定める計算式があります。

▶ **ステンレス材、アルミ材などの計算の仕方**

「平成13年6月12日　国土交通省告示第1024号　特殊な許容応力度及び特殊な材料強度を定める件」

ここには、炭素鋼、ステンレス鋼、アルミニウム合金の座屈の許容応力度を求める計算が規定されています。

ここまで、計算書で使う根拠を解説しました。そのうえで、あなたが、あなたの目で直接確かめ、取り組む経験が最も強い根拠となります。

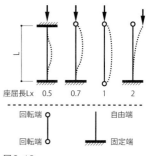

図3-18

λ	fc
1	156
2	156
98	88.4
99	87.3
100	86.2
101	85.1
247	15.3
248	15.1
249	15.0
250	14.9

細長比λは、1から250
λとfcが対応します。λ＝1で、fcは最大値をとります。

図3-19　『鋼構造許容応力度設計規準』付録
許容圧縮応力度表F＝235 N/mm² 長期応力に対する許容圧縮応力度fc（N/mm²）

3章　法規の使い方　71

4章

断面性能の使い方

構造計算を自由自在に操るには、
部材の強さと弱さの秘密を知らねばなりません。
その情報は、断面性能に詰め込まれています。

本章は、部材の断面に焦点を当てます。断面の形状は、部材の強さに大きく影響します。部材に荷重が作用すると、図4-1のように曲がります。そのときの、部材の強さを表すものが断面性能です。断面性能は、その断面の形状と寸法だけで強さが決まる値です。ですから断面性能は、その断面が持つ強さの指標と捉えることができます。この成り立ちを知り、指標を使いこなせば、断面を操作して設計に役立てることができると思うのです。

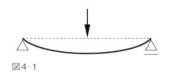

図4-1

▶ 断面性能は、公式の分子に現れます。

1) 曲げ応力度　$\sigma = \dfrac{M}{Z}$　……式4-1

　M：モーメント
　Z：断面係数

下式が満足すれば、その部材は安全といえます。

　$\sigma \leqq f$　……式4-2

　式4-1から、Mが変わらずZが大きくなるほどσは小さくなります。
　式4-2のfは材質により決まった値なので、σが小さいほど、その部材は壊れにくくなります。
　したがって、Zが大きいほど、曲げに強い断面になります。

2) せん断応力度　$\tau = \dfrac{Q}{A}$

　Q：せん断力
　A：断面積

3) 引張応力度　$\sigma t = \dfrac{T}{A}$

　T：引張力

$\sigma = \dfrac{M}{z}$

$\dfrac{1}{4} < \dfrac{1}{2}$

分母が大きいと値は小さい
よって
Zが大きいとσは小さい

$\sigma \leqq f$

σが小さいと壊れにくい
よって
Zが大きいと壊れにくい

図4-2

曲げと同様にAが大きいほど、それぞれの力に強い断面となります。

4) 圧縮応力度 $\sigma c = \dfrac{N}{A}$

N：圧縮力

$$\lambda = \dfrac{L \times Lx}{i}$$

iが大きいほど、λが小さくなり、許容圧縮応力度fcがより大きくなります。

$\dfrac{\sigma c}{fc} \leqq 1.0$　ならばOK

上式よりfcが大きいほうが、座屈に強い断面です。

5) たわみ　$\delta = \dfrac{PL^3}{48EI}$

上は、図4-1のときの最大たわみを求める公式です。この式ではIが大きいほど、δが小さくなります。したがって、Iが大きいほど、たわみに強い断面です。

計算式から判断すれば、断面性能は図4-3の性質があります。以下に、図4-3中のZ、I、A、iはどのように変形に関係するのか、そして、その成り立ちはどのようなものかを、感覚で分かることを目指して見ていきます。

そこで、断面に視点を置いて、部材の変形はなぜ起こるかを見ていきましょう。その前に、軸についてお話しします。

▶ **部材には、軸があります。軸は、部材の背骨です。**

図4-4を見てください。単純梁A-Bです。この梁断面は図4-5の長方形です。それぞれの辺の真ん中を通る線を、縦（y）と横（x）に引きます。この交点を図心と称します。

梁を均一な厚さで薄切りにした断面を、図4-6のよ

値が大きいほど、強い	
断面係数 Z	曲げ
断面2次モーメント I	たわみ
断面積 A	せん断 引張 座屈
断面2次半径 i	座屈

図4-3

図4-4

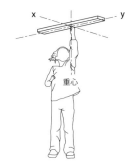

図4-5

図4-6

うに図心で支えると、断面は水平を保ちます。このように図心は、断面の重さの中心といえるので、重心とも称します。

図4-7は、前出の梁A-Bに図心の線を入れました。この線は、梁を貫くので軸と名付けておきます。図中の1から9は梁断面だと思ってください。断面は軸に対して90度です。

図4-8で、この梁に力Pが作用します。すると梁は、同図のように曲がります。梁は、軸を背骨にして曲がります。このとき断面は扇形に開いたように見えます。

1）断面が回転するから、軸が曲がると捉えましょう。

ここで図4-7と図4-8の断面9に注目してください。両者共に梁の軸に対しては変わらず90度ですが、これを梁の外から見ると、角度が付いています。その断面を重ねたものが図4-9です。

断面は、力が作用することによって回転しているように見えます。これを断面基準で見れば、材が曲がるのは、断面が回転するからだと捉えることができます。

このとき、梁の中では何が起こっているのかを見ましょう。図4-10を見てください。力Pが作用すると、軸を境にして梁の上側が圧縮され、下側が引っ張られます。梁は、この圧縮力と引張力の作用で曲がります。

この状況を、断面を視点にして見直しましょう。図4-11を見てください。これは、図4-10の力の関係をさらに細かく表したものです。断面を押し合うモーメントの分布図です。

外力により断面を押す力（図中の黒矢印）が生じます。それに応じて押し返す応力（白矢印）があります。同様に、引く力には、引き返す応力があります。この力の均衡によって、材が壊れることを防ぎます。

力は、軸をゼロとして、軸からの距離が大きいほど断面に回転を起こすモーメントが大きくなり、材の端

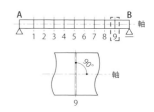

図4-7

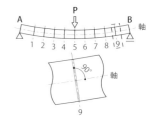

図4-8

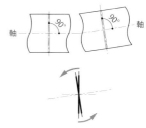

図4-9

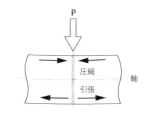

図4-10

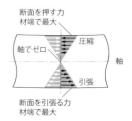

図4-11

で最大となります。

　これにより、モーメントの分布は図4-11のように直角三角形になります。図4-12は、モーメント分布の立体図です。

　断面に回転を起すのはこのモーメントの作用です。

　断面2次モーメントIは、定義によれば、図4-12のモーメントの総和です。これは、その断面が押し返すことのできる力の総和と捉えることができます。

　断面2次モーメントIが大きい値であればあるほど、その断面は回転しにくく、梁は曲がりにくいことになります。

　図4-12の分布は、xを軸にして断面が回転します。これをx軸回りと称します。図4-13のように回転の軸は、外力の方向により変わります。

　図4-14は、H形鋼と溝形鋼の軸回りです。

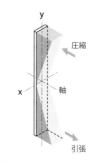

図4-12

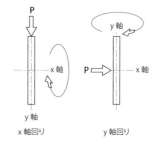

図4-13

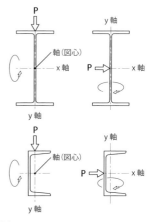

図4-14

2) 断面がずれるから、軸が切れると捉えましょう。

　図4-15は、せん断の様子です。断面は、磁石のような引き合う力（許容せん断応力度f_s）でつながっているとイメージします。この力を上回るせん断力が作用すると、梁は切れます。

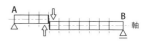

図4-15

4章　断面性能の使い方　　77

3）断面を引き剥がすから、軸が破断すると捉えましょう。

図4-16は、引張りの様子です。せん断と同じく断面は、磁石のような引き合う力（許容引張応力度 ft）でつながっているとイメージします。この力を上回る引張力が作用すると、梁は破断します。

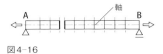

図4-16

4）軸を押すから断面が回転すると捉えましょう。

図4-17は、座屈です。座屈は、圧縮力によって断面が押されて回転し、軸が曲がり折れるイメージです。

図4-17

▶ 四つの断面性能（図4-3）の成り立ち

1）断面積 A は、破断、せん断のしにくさを表します。

せん断力と引張力に対し強くするには、断面積 A を大きくします。

2）断面2次モーメント I は、曲がりにくさを表します。

長方形断面の断面2次モーメントの公式は下式です。

$$I = \frac{b \times h^3}{12}$$

b = 梁幅
h = 梁高さ

図4-18の断面の断面2次モーメントを求めます。

x軸回りの断面2次モーメント Ix

$$Ix = \frac{b \times h^3}{12} = \frac{9 \text{ mm} \times (90 \text{ mm})^3}{12}$$

$$= 546{,}750 \text{ mm}^4$$

y軸回りの断面2次モーメント Iy

$$Iy = \frac{b \times h^3}{12} = \frac{90 \text{ mm} \times (9 \text{ mm})^3}{12}$$

$$= 5{,}467.5 \text{ mm}^4$$

図4-18

上記の計算を見れば、断面積が同じ断面でも梁高さが高いほうが曲がりにくいことになります。

断面が回転するとは具体的にどういうことか

　図4-19を見てください。これは、断面を押す力を表しています。そこに作用するモーメントはx軸でゼロ、材端で最大です。話を簡素にするために、ここでは材端の力Pに注目します。

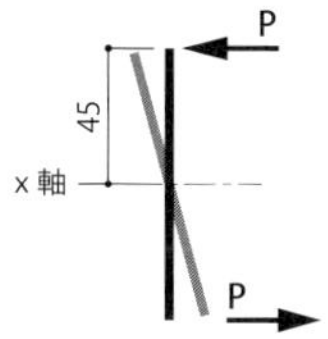

x軸を回転するモーメントMを求めます。

$$M(\text{Nmm}) = P(\text{N}) \times 45 \text{ mm}$$

$$P(\text{N}) = \frac{M(\text{Nmm})}{45 \text{ mm}}$$

図4-19

　図4-20は、y軸回りの図です。

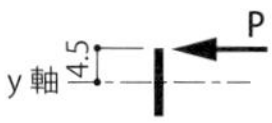

y軸を回転するモーメントMを求めます。

$$M(\text{Nmm}) = P(\text{N}) \times 4.5 \text{ mm}$$

$$P(\text{N}) = \frac{M(\text{Nmm})}{4.5 \text{ mm}}$$

図4-20

　上記二つのPを比較すると、軸と材端の距離が短いほうが、小さな力で断面が回転します。このことから、梁高さが大きい断面ほど回転するのに大きな力が必要で、曲がりにくいことが分かります。

　図4-21は、H形鋼が曲がるときの断面に作用するモーメントの分布図です。H形鋼は、x軸から遠い位置に断面積の大きいフランジを配し、これをつなぐようにウェブがあります。この断面の設計は、断面積を有効に配置して、断面2次モーメントを大きくしているといえます。

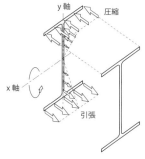

図4-21

4章　断面性能の使い方　　79

3）断面係数 Z は、曲げによる壊れにくさを表します。

長方形断面の断面係数の公式は下の式の通りです。

$$Z = \frac{b \times h^2}{6}$$

$b = $ 梁幅

$h = $ 梁高さ

図4-18の断面の断面係数を求めます。

x軸回りの断面係数　Zx

$$Zx = \frac{b \times h^2}{6} = \frac{9 \text{ mm} \times (90 \text{ mm})^2}{6}$$

$$= 12{,}150 \text{ mm}^3$$

y軸回りの断面係数　Zy

$$Zy = \frac{b \times h^2}{6} = \frac{90 \text{ mm} \times (9 \text{ mm})^2}{6}$$

$$= 1{,}215 \text{ mm}^3$$

上記の計算を見れば、梁高さが高いほうが壊れにくいと分かります。

それでは、「梁が壊れる」とは、どういうことでしょうか。

＊以下は、『構造学再入門　デザイナーも構造に強くなろう』（海野哲夫著、彰国社）を基にしています。

図4-22を見てください。

これは、断面に作用する力を表します。力の方向を分かりやすくするために、断面を境にして、左方向を圧縮力とし、右方向を引張力として表現しています。

二つの直角三角形の面積が、力の大きさとなります。

図4-22の関係からx軸をねじるモーメントMは次式です。

$$M = \frac{h \times \sigma}{4} \times \frac{2h}{6} \times 2 \quad \cdots\cdots 式4\text{-}3$$

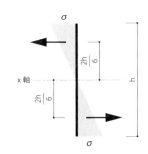

図4-22

直角三角形の面積：$\dfrac{h \times \sigma}{4}$

三角形の重心とx軸との距離：$\dfrac{2h}{6}$

式4-3よりσを求めます。

$$\sigma = M \div \dfrac{h^2}{6} \quad \cdots\cdots 式4\text{-}4$$

式4-4に奥行き（梁幅）bを与えます。

$$\sigma = M \div \dfrac{b \times h^2}{6}$$

上式の$\dfrac{b \times h^2}{6}$は、長方形断面の断面係数Zの公式です。これをZに置き換えると、この式は、次式となります。

$$\sigma = \dfrac{M}{Z} \quad \cdots\cdots 式4\text{-}1$$

ここまでを頭に置いて、図4-22を見直してください。するとσは、梁の端に作用する力だと分かります。

そして式4-1からZは、断面の端に作用する力の係数だといえます。断面係数という名称は、このような由来なのかも知れません。そしてσが許容曲げ応力度fbを上回ると、直ちに梁に破壊が始まると分かります。

このことから、断面係数Zを大きくすると曲げ破壊に強くなります。図4-22を見れば、断面係数Zを大きくするには、梁高さを大きくすることが効果的といえます。

4）断面2次半径iは、座屈による曲がりにくさを表します。

断面2次半径の公式は下式です。

$$i = \sqrt{\dfrac{I}{A}} \quad \cdots\cdots 式4\text{-}5$$

座屈は、圧縮力によって梁が曲がる作用です。曲が

4章　断面性能の使い方　　81

りにくさは、断面2次モーメントで表します。

断面2次モーメントの意味は「微小断面積×軸からの距離」を全断面にわたり足し合わせることです。

したがって断面2次モーメントは下式となります。
Aa：微小断面積（mm^2）
La：軸からの距離（mm）

$$I = \sum(Aa \times La^2)$$

これを書き換えると下式の形になります。

$$I = A \times L^2$$

この式から、軸からの距離を取り出します。

$$L = \sqrt{\frac{I}{A}}$$

このLを断面2次半径と称し、iと表記します。

$$i = \sqrt{\frac{I}{A}}$$

図4-23のiy、ix、iv、iuは、等辺山形鋼（アングル）のiです。断面2次モーメントIは、軸回りの回転しにくさを表しました。

一方、断面2次半径iは、断面2次モーメントの軸から質点までの距離です（質点の解説は図4-24）。

図4-25を見てください。図心（重心）を通る直線を境にして両側の断面積は、同じ大きさです。質点とは、この断面が軸を中心にして回転するときのスイートスポットだといえます。

質点を重さの心と見立てましょう。ivとiuは、軸からの質点までの距離です。この距離が、ivのほうが短いので、同じ重さを回すのに、u軸回りよりv軸回りのほうが、小さいモーメントで回ります。

したがってアングルは、v軸回りが曲がりやすいことになります。

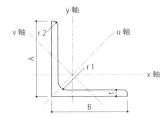

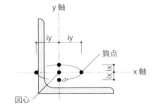

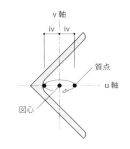

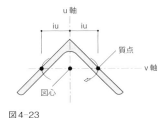

図4-23

質点
球を突くと、回転することなく
移動する理論上の中心点

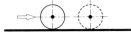

図4-24

細長比λと断面2次半径iと許容圧縮応力度fcの関係をおさらいしましょう。

下式はλを求める式です。

$$\lambda = \frac{L \times Lx}{i} \quad \cdots\cdots 式3\text{-}2$$

図4-26は、上式を表したグラフです。縦軸が$(L \times Lx)$、横軸がiです。

λは、図中の長方形（縦辺$(L \times Lx)$と横辺i）が細長くなると大きくなり、太く短くなるほど小さくなります。λの上限値は250で、下限値は1です。

図4-27は、λと許容圧縮応力度fcの関係を表しています。fcが大きいほど、座屈に強い部材となります。fcの上限値は、鋼材の許容曲げ応力度です。

強い軸回りと弱い軸回り

アングルのx軸とy軸は、材の取付けの関係から曲げ計算でよく登場します。v軸は、曲がりやすい軸回りです。u軸は、曲がりにくい軸回りです。

軸は、図心を中心に断面の360度のどの位置にも取ることができます。これは、アングルばかりでなく、どのような断面も同じです。断面性能は、その軸に従って求めます。

図4-28を見てください。アングルの断面に、すべての角度のiを重ね合わせました。するとiは、図のような楕円上に存在します（楕円の寸法は、断面の寸法によります）。この楕円は、『鋼構造許容応力度設計規準』付録の鋼材表などで確認できます。

楕円の長径は曲がりやすい軸回り、短径は曲がりにくい軸回りです。このように曲がりにくい軸回りを強軸、曲がりやすい軸回りを弱軸と称する場合があります。

断面の強軸と弱軸によって、部材の曲げに強い方向、弱い方向が分かるので、鋼材を採用する際に有効な情

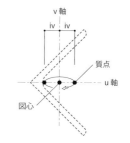
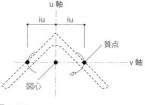

図4-25

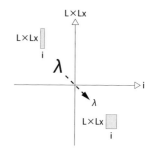

図4-26

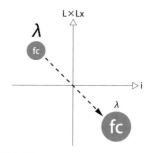

図4-27

4章 断面性能の使い方　83

報となります。

断面性能は、断面の形状と寸法で決まる値です。

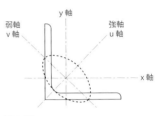

図4-28

一方、ヤング係数Eは、材質で決まる強さの値です。

▶ **ヤング係数は、材質の伸びやすさを表します。**

ヤング係数は、次の式で表します。

ヤング係数　$E = \dfrac{\sigma}{\varepsilon}$　……式4-6

$\sigma = \dfrac{P}{A}$

σ：引張応力度（N/mm^2）

P：引張力（N）

A：断面積（mm^2）

$\varepsilon = \dfrac{伸びたあとの長さ - 元の長さ}{元の長さ} = \dfrac{CL - L}{L}$

L：材の元の長さ

CL：伸びたあとの長さ

εは、材の元の長さに対する伸び率（単位なし）です。

ここで図4-29を見てください。これは、長さ1,000 mmの3種類の材に同じ大きさの引張力Pが作用したときの伸びを表しています。

SS 400が10 mm伸びたとき、SUS 304とA 6063-T5は、それぞれ図のように伸びます。その伸びは、図中のEで求めます。これがヤング係数です。この関係をグラフに表すと図4-30となります。

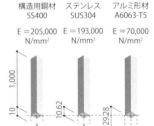

*長さ1,000 mmの材が、10 mm伸びるという状況は、伸びの関係を分かりやすくするためのディフォルメです。

図4-29

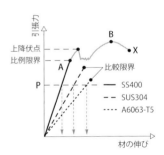

図4-30

ヤング係数は、引張力と材の伸びが正比例する間で成り立ちます。正比例の限界を比例限界と称します。比例限界は、許容応力度と同じ点です。

　図4-30で見るように、ヤング係数の傾きが緩いほど伸びやすい材です。このようにヤング係数は、グラフの傾きで表せるので、ヤング率とも称します。

　ヤング係数Eは、その値が大きいほど伸びやすい材質であることを表しています。

　このように断面性能とヤング係数の成り立ちを知ると、断面を設計する見方が可能になると思うのです。

▶ **ヤング係数で単純梁を考えてみましょう。**

　図4-31を見てください。アングル材の根太です。1章では、これを単純梁として計算しました。単純梁は、図4-32のように、梁の片側が回転端であり、その反対側が移動端であることが定義です。この仕組みのため、荷重が作用して梁が曲がっても、図のように、移動端が働いて材が壊れることがありません。

　ところが図4-31は、両端がボルト留めで、移動端はありません。この状態で、梁は"もつ"でしょうか。

　これを、ヤング係数を使って、計算で確かめようとする試みです。これは、ヤング係数を計算に使う思考実験です。

　設計条件は、以下の計算に示します。

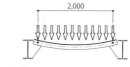

図4-31

図4-32を概要図として検討します。

　材質：SS 400
　許容引張応力度　$Lft = 156 \text{ N/mm}^2$（長期）
　ヤング係数　$E = 205,000 \text{ N/mm}^2$
　集中荷重　P (N)
　単純梁の長さ　$L = 2,000$ mm

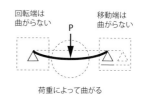

図4-32

たわみδを単純梁の許容値$\dfrac{1}{300}$とします。

たわみ　$\delta = L \times \dfrac{1}{300} = \dfrac{2,000 \text{ mm}}{300} = 6.666 \text{ mm}$

CLは図4-33で求めます。

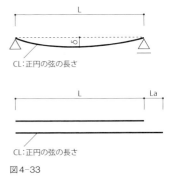

図4-33

伸びたときの梁長さ　$CL = 2,000.059 \text{ mm}$
伸びた長さ　$La = CL - L$
　　　　　　　　$= 2,000.059 \text{ mm} - 2,000 \text{ mm}$
　　　　　　　　$= 0.059 \text{ mm}$
材の断面積　$A \text{ mm}^2$
引張力　$T \text{ (N)}$

Eの意味は下式で表わせます。

$$E = \dfrac{\dfrac{引張力}{材の断面積}}{\dfrac{伸びた長さ}{元の長さ}} = \dfrac{\dfrac{T}{A}}{\dfrac{La}{L}} = \dfrac{T \times L}{A \times La}$$

上式からアングルに作用する引張力Tを求めます。

$T = \dfrac{E \times A \times La}{L}$　……式①

$A = 1 \text{ mm}^2$　……1 mm^{2}当たりの値を求める

式①に各値を代入します。

$T = \dfrac{205,000 \text{ N/mm}^2 \times 1 \text{ mm}^2 \times 0.059 \text{ mm}}{2,000 \text{ mm}}$

　$= 6.047 \text{ N}$

式①より
$A = 1 \text{ mm}^2$なので断面積1 mm^{2}当たりの引張力となる。

$T = 6.047 \text{ N/mm}^2$

T と Lft を比較する

$$\frac{T}{Lft} = \frac{6.047 \text{ N/mm}^2}{156 \text{ N/mm}^2} = 0.038 < 1.0$$

ここまでの検討から、次を結論とします。

たわみが1/300のとき、材の伸びは0.059 mmと微小です。また、そのときの引張力は、許容値に対して3.8%となり微小です。したがって、両端ボルト留めは単純梁として計算しても強度に大きな影響を与えないといえます。

＊固定端、移動端、回転端の運用は、この計算とは別の考え方があります。しかし建築金物をはじめとする2次部材の大きさ（規模）では、上記の考察も成り立つと解釈しています。

4章　断面性能の使い方　　87

5章

計算方針の立て方

図面を見て、スラスラ計算を始めることは、
誰でも簡単にできることではありません。
「計算方針を立てる」とは、それを
実現するスキルです。

自信の持てる計算書を書けるようになる最も効率の良い方法は、自分の手で計算書を書くこと、そして人に見せることです。それが仕事であれば、スキルは飛躍的に向上するはずです。

　はじめは、こんな声をよく聞きます。「図面を見ても、そこから読み取れる情報はあまりなく、計算を組み立てる発想が湧かず、途方に暮れる。これでは、計算書を書くなどと人に言えない」

　これは誰もが、最初に通る関門だと思います。

　そこで右の図1-7を見てください。この図は1章の再録です。本章では、図面からこの図をつくる計算方針を、四つのStepで立てます。さあ始めましょう。

▶ **計算方針のためのStep**

Step 1　荷重が作用する部材を選び出します。

　部材は、図5-1のようなアングルやチャンネル材のような材料でしょう。この材の両端の仕口をよく見ます。その両端がボルトや溶接で留まっていれば、その部材は単純梁とします。片側が留まっていて反対側が留まっていなければ片持ち梁と捉えます。

Step 2　その部材に作用する荷重を選びます。

　荷重は3章の図3-5の六つから選びます。荷重で最も重要なことは、方向を見定めることです。梁は荷重の方向によって計算の項目が決まるからです。図3-5を見返してください。

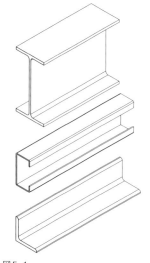

図5-1
線材：細長い材料

ここで、先の図1-7を見てください。「この部材は荷重Pが作用する単純梁です」というようにStep 2まで進むと、計算方針が立ちます。

そして次に、部材両端の留め方に目を向けます。

Step 3　部材の端部を拘束する部材を見ます。

図5-2を見てください。これは、私たちがこれまで書いた計算書を分析してまとめました。縦（列）に部材名を、横（行）に対応する計算項目を並べています。市販の一般的な部材ならば、この六つで網羅しています。

ここでいう普通ボルトとは、高力ボルトのように材を締め付ける力でなく、有効径の断面積の許容耐力を使うタイプを指します。

Step 4　部材に作用する荷重の方向を定めます。

Step 2と同様に、拘束部材に作用する力の方向を見定めます。部材には、風圧力や地震力などの荷重が、大きさと方向を変えた力となって作用しています。

Step 3とStep 4で、拘束部材の計算方針を立てることができます。

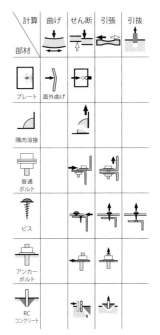

図5-2

ここで、Step 1に視点を戻します。単純梁は材端が回転端と移動端の組み合わせです。様々な拘束方法があって、すべての端部が回転や移動だと言い切れてないのに、なぜ、両端部拘束ならば単純梁と決められるのでしょうか。それは、曲げモーメント図から判断することができます。

次に、様々な形の両端拘束梁の曲げモーメントを比較します。

単純梁と連続梁の曲げモーメントを比較する

図5-3は、連続梁と単純梁のモーメント図です。等

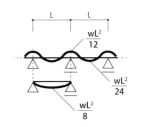

図5-3

分布荷重wが作用します。両者の曲げモーメントを比べると単純梁のほうが大きいことが分かります。

連続梁と固定端の曲げモーメントを比較する

次に図5-4を見てください。連続梁の1スパンを取り出しました。曲げモーメントが最大となる拘束部は、隣のスパンとのつり合いで、固定端と同じです。

図5-3と図5-4の曲げモーメントの比較から、両端拘束の梁は単純梁とみなして危険はないと判断しています。

ただし、細かい計算が求められるときには、それに従います。

部材の端部が回転端か固定端かを判断する仕口の形

図5-5は、H形鋼の小梁の一般的な仕口です。一般に小梁は単純梁とします。その両端は、ウェブを高力ボルトで留めています。これに対して、図5-6は固定端です。固定端の仕口は、フランジとウェブを完全溶け込み溶接とします。または、フランジおよびウェブをそれぞれ高力ボルトで固定します。これは、梁の全断面を固定してモーメントを滞りなく伝えるためです。

図5-7を見てください。完全溶け込み溶接について、『溶接接合設計施工ガイドブック』（日本建築学会）の記載を引用しました。

本書では、同書を拠り所として、隅肉溶接の耐力を計算します。

固定端は曲げモーメントを伝えることが要件です。

曲げモーメントを滞りなく伝えるには、部材の全断面を使うことが必要です。

ところが、建築2次部材では、図5-8のように断面の一部を、ボルトまたは溶接で拘束する方法が一般的です。

連続梁のモーメント

両端固定梁のモーメント

図5-4

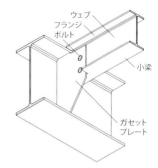

図5-5

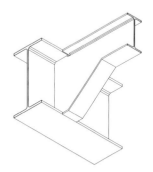

図5-6

『溶接接合設計施工ガイドブック』「3章 溶接の基本 3.2.1 溶接継目と耐力算定式」より引用

「完全溶け込み溶接はあらゆる応力に対して母材と同等の耐力を保有することができる接合法である」

図5-7

このことから、図5-8の仕口は、回転端と見定めることになります。両端が回転端であれば、その部材は単純梁となります。

片持ち梁の固定端

　図5-9は片持ち梁の仕口です。したがってこれは固定端です。固定端は、モーメントを伝えます。

　そこでこれは、図5-10のように仕口に作用するモーメントを、普通ボルト、FB、隅肉溶接のせん断力に置き換えて、モーメントに耐え、端部の回転を止めるように部材のサイズや溶接長さを考えます。

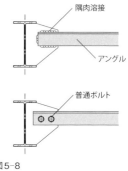

図5-8

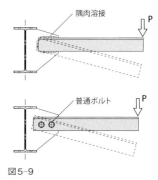

図5-9

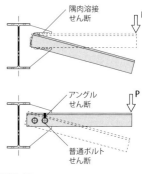

図5-10

▶ **計算方針を立てましょう。**

　建築2次部材は、様々な目的・条件のうえで、形が考案されます。そこに構造計算を対応させるためには、そのつど、最適と思われる設定を選び出す作業が欠かせません。それは設計者の頭の中で試行錯誤されるもので、記録に残ることがありません。そこでここからは、計算書に取りかかる前の、計算を組み立てる様子を紹介しましょう。この作業を、「計算方針を立てる」と称しています。それを、先の四つのステップに沿って見ていきます。

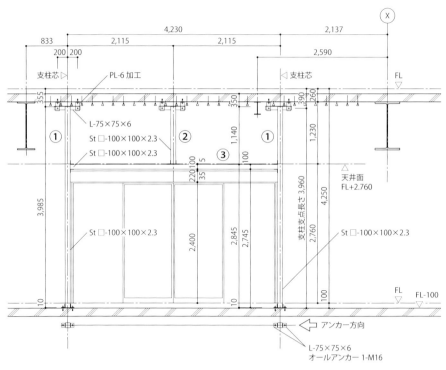

図5-11

　図5-11を見てください。屋内に設置する自動ドアサッシュの下地図です。図5-12、13、14は、それぞれ支柱の柱頭詳細図、マグサおよび吊り材仕口図、柱脚仕口図です。

天井スラブには、デッキのリブが突出していて、これを避けるため図5-12の納まりとしています。
　本題では、この下地材がサッシュ面に向かう荷重に対しての安全を検討します。
　p.90、p.91のStepに沿って進めます。

Step 1：荷重が作用する部材を選び出します。

　サッシュの両脇に、支柱①があります。2本の支柱をマグサ③がつなぎます。マグサの中央に吊り材②があります。
　図5-11の①②③の三つが荷重を受ける部材です。

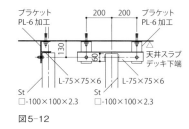
図5-12

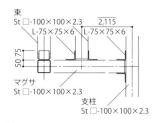
図5-13

Step 2：その部材に作用する荷重を選びます。

　屋内なので、積雪荷重、風圧力は採用しません。開閉する自動ドアサッシュの下地なので、人が押す力も採用しません。サッシュ下地なので、積載荷重も採用しません。ここでは、条件を簡素にするために、支柱から左右外側の壁に関係する荷重は考えないことにします。
　六つの荷重の中から、残った固定荷重と地震力を採用します。地震力の水平震度 $k=1.0$ とします。

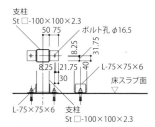
図5-14

Step 3およびStep 4の各部材に作用する力を見定めます。

部材を見ます
・支　柱①：スラブ間で両端拘束ですから単純梁です。
・吊り材②：マグサが中央で下がることを防ぐための鉛直方向の引張材です。
・マグサ③：支柱間で、両端拘束ですから単純梁です。

　次に各部材に作用する荷重を求めます。

5章　計算方針の立て方　　95

固定荷重

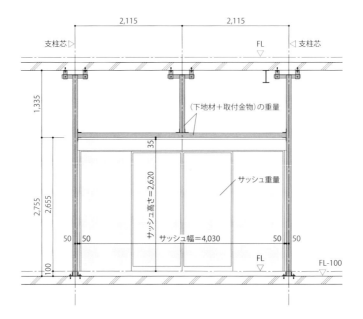

図5-15

　固定荷重を求めます。ここでは、自動ドアサッシュと下地の自重を荷重とします。図5-15の網掛け部分です。この荷重を基本として、各部材の負担範囲に応じて荷重を求めます。

▶ 支柱①に作用する荷重

　支柱①は、単純梁です。この部材には、二つの荷重が同時に作用します。

地震力

　地震力は、図5-16のようにスラブごとの集中荷重と考えます。これに対して、本題の支柱は、階層の内にある単純梁です。

　そこで、負担範囲を図5-17のようにしました。荷重Pは、自動ドアサッシュの重量P_Sと下地材の重量P_Pの合計です。

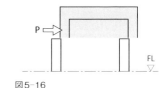

図5-16

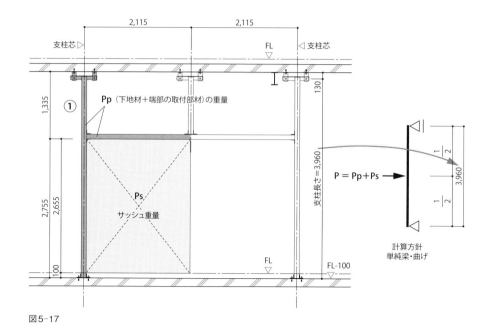

図5-17

Pが作用する点は、支柱のたわみが最も大きくなる点を採用して、中点に集中荷重としています。

軸力（固定荷重）

支柱には、固定荷重が鉛直方向に作用します。これは、構造の柱に作用する軸力（図5-18）にならって、図5-19としています。

組合せ応力

圧縮力と曲げモーメントを受ける部材は、『鋼構造許容応力度設計規準』（日本建築学会）の組合せ応力の項に従って計算します。

支柱①は、図5-16と図5-17の地震力による曲げと、図5-18と図5-19の軸力による座屈を同時に受ける材になります。このためこの部材は、先の規定に従って、組合せ応力による計算をします。

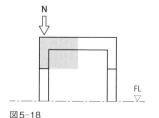

図5-18

5章　計算方針の立て方

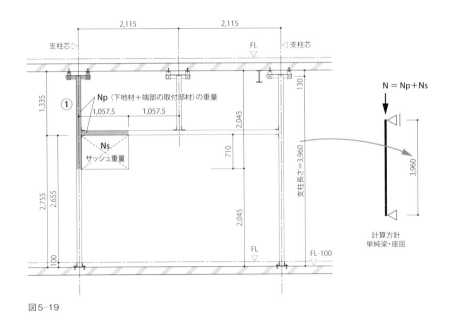

図5-19

▶ 吊り材②に作用する荷重

吊り材に作用する荷重は、図5-20の網掛け部分です。この荷重が吊り材を図のように引張ります。

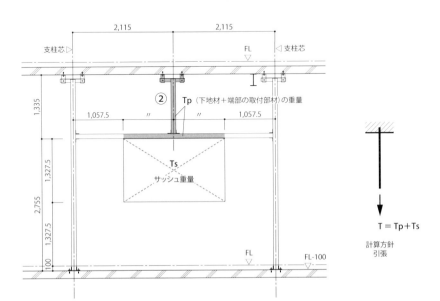

図5-20

吊り材の役割は、マグサが負担する荷重の中央部分を受け持つことです。このため、吊り材は鉛直に引張る力の計算のみを行います。

▶ **マグサ③に作用する荷重**

マグサには、図5-21の鉛直方向の固定荷重と図5-22の地震力が作用します。

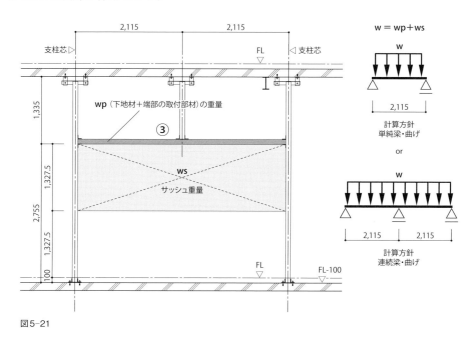

図5-21

固定荷重

固定荷重は、鉛直方向です。図5-21では、単純梁と連続梁の二つの選択肢を示しています。

地震力

図5-22の負担範囲で求めた力が、マグサの中央に集中荷重として作用します。

5章 計算方針の立て方　99

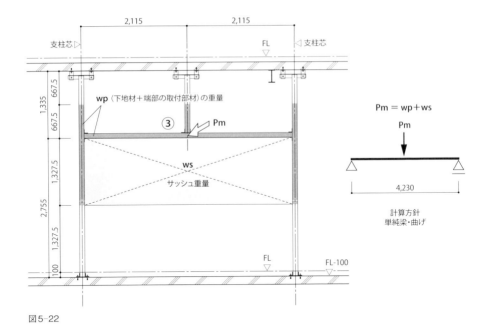

図5-22

　建築2次部材で扱う荷重は、建築基準法をそのまま当てはめることができない場合が多くあります。設計者は、その都度、条件を考慮して、採用理由を明確にしておくことが望まれます。

　支柱、マグサ、吊り材に作用する荷重は、各部材を接合する接合部材へと伝わります。Step 3、4のねらいは、接合部材一つひとつに目を向けて、その性質、位置、向きに応じて負担する力の方向と大きさを見極めることです。これは、実際の計算書を見たほうが理解が早いです。

　ここから先は、これまでの考察と照合して、計算書を確認してください。

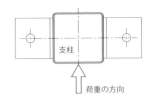

図5-23

計算書表紙

屋内のサッシュ受け支柱の検討

○○○年○月○日
○○○会社

計算書本文

屋内のサッシュ受け支柱の検討

概要図中の支柱を検討する。

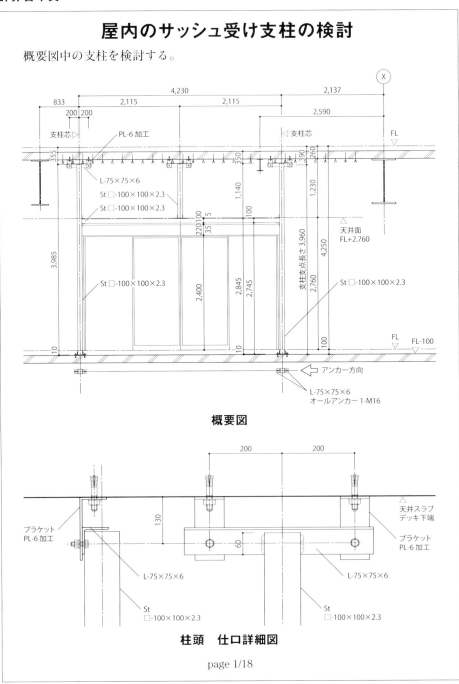

概要図

柱頭　仕口詳細図

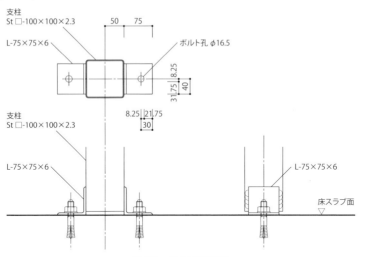

柱脚　仕口詳細図

◆設計条件

- **材質**：構造用鋼材　SS 400

  許容曲げ応力度（短期）　$sfb = 235 \text{ N/mm}^2$
  許容曲げ応力度（長期）　$Lfb = 156 \text{ N/mm}^2$
  許容せん断応力度（短期）　$sfs = 135 \text{ N/mm}^2$
  許容せん断応力度（長期）　$Lfs = 90 \text{ N/mm}^2$
  ヤング係数　$E = 205{,}000 \text{ N/mm}^2$

  $$fs = \frac{F}{\sqrt{3}} \qquad 長期 = \frac{短期}{1.5}$$

- **部材**

  支柱　$\square - 100 \times 100 \times 2.3$
  断面係数　$Z = 27.9 \text{ cm}^3$（$27{,}900 \text{ mm}^3$）
  断面2次モーメント　$I = 140 \text{ cm}^4$（$1{,}400{,}000 \text{ mm}^4$）
  断面2次半径　$i = 3.97 \text{ cm}$（39.7 mm）
  断面積　$A = 8.852 \text{ cm}^2$（885.2 mm^2）
  重量：$W = 6.95 \text{ kg/m}$

柱頭つなぎ材　L-75 × 75 × 6
断面係数　$Z = 8.47 \text{ cm}^3$　$(8,470 \text{ mm}^3)$
断面2次モーメント　$I = 46.1 \text{ cm}^4$　$(461,000 \text{ mm}^4)$
断面積　$A = 8.73 \text{ cm}^2$　(873 mm^2)
重量：$W = 6.85 \text{ kg/m}$

- **荷重**
  - 支柱：□-100 × 100 × 2.3
    6.95 kg/m × 4 m = 27.8 kg
  - 柱頭部つなぎ材：L-75 × 75 × 6
    6.85 kg/m × 0.5 m = 3.425 kg
  - 柱脚アングル（支柱1か所当たり）：L-75 × 75 × 6
    6.85 kg/m × 0.08 m × 2個 = 1.096 kg
  - 柱頭ブラケット（支柱1か所当たり）：PL-6 × 80　1個の長さ0.25 m
    3.768 kg/m × 0.25 m × 2個 = 1.884 kg
  - サッシュ一式
    421.594 kg

◆支柱の検討

下図の単純梁を検討する。
　Pw：固定荷重
　P：地震力
　k：水平震度 = 1.0 とする
　N：自重による圧縮力

a = b = 1,980 mm
　L = 3,960 mm

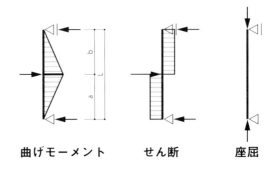

曲げモーメント　　せん断　　座屈

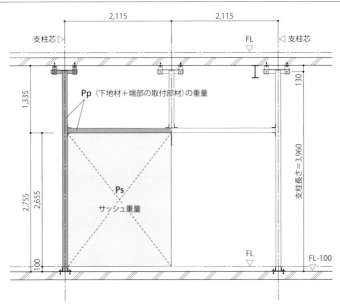

地震力の荷重範囲

- 支柱：□-100 × 100 × 2.3
  6.95 kg/m × 4 m = 27.8 kg
- 柱頭部つなぎ材：L-75 × 75 × 6
  6.85 kg/m × 0.5 m = 3.425 kg
- 柱脚アングル（支柱1か所当たり）：L-75 × 75 × 6
  6.85 kg/m × 0.08 m × 2個 = 1.096 kg
- 柱頭ブラケット（支柱1か所当たり）：PL-6 × 80　1個の長さ0.25 m
  3.768 kg/m × 0.25 m × 2個 = 1.884 kg
- マグサ材：□-100 × 100 × 2.3
  6.95 kg/m × 2.115 m = 14.699 kg
- マグサ仕口アングル：L-75 × 75 × 6
  6.85 kg/m × 0.08 m × 2個 = 1.096 kg
- サッシュ一式
  421.594 kg × 1/2 = 210.797 kg

合計 $= 27.8 \text{ kg} + 3.425 \text{ kg} + 1.096 \text{ kg} + 1.884 \text{ kg} + 14.699 \text{ kg} + 1.096 \text{ kg}$

$\qquad + 210.797 \text{ kg}$

$\qquad = 260.797 \text{ kg}$

$Pw = 260.797 \text{ kg} \times 9.80665 = 2{,}557.544 \text{ N}$

$P = Pw \times k = 2{,}557.544 \text{ N} \times 1.0 = 2{,}557.544 \text{ N}$

●曲げの検討

・**最大曲げモーメントMを求める。**

$L = 3{,}960 \text{ mm}$

$a = b = 1{,}980 \text{ mm}$

$$M = P \frac{a \times b}{L} = 2{,}557.544 \text{ N} \frac{1{,}980 \text{ mm} \times 1{,}980 \text{ mm}}{3{,}960 \text{ mm}}$$

$\qquad = 2{,}531{,}968.56 \text{ Nmm}$

・**曲げ応力度σを求める。**

$$\sigma = \frac{M}{Z} = \frac{2{,}531{,}968.56 \text{ Nmm}}{27{,}900 \text{ mm}^3} = 90.75 \text{ N/mm}^2$$

$$\frac{\sigma}{sfb} = \frac{90.75 \text{ N/mm}^2}{235 \text{ N/mm}^2} = 0.386$$

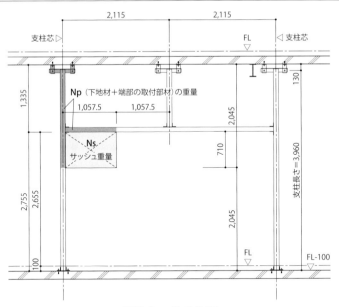

圧縮力の荷重範囲

- 支柱：□-100 × 100 × 2.3
  支柱長さ = 2.045 m − 0.13 m + 0.04 m = 1.955 m
  6.95 kg/m × 1.955 m = 13.587 kg
- 柱頭部つなぎ材：L-75 × 75 × 6
  6.85 kg/m × 0.5 m = 3.425 kg
- 柱頭ブラケット（支柱1か所当たり）：PL-6 × 80　1個の長さ 0.25 m
  3.768 kg/m × 0.25 m × 2個 = 1.884 kg
- マグサ材：□-100 × 100 × 2.3
  6.95 kg/m × 1.057 m = 7.346 kg
- マグサ仕口アングル：L-75 × 75 × 6
  6.85 kg/m × 0.08 m × 2個 = 1.096 kg
- サッシ一式
  421.594 kg × 1/4 × (710 mm ÷ 2,655 mm) = 28.185 kg

合計 = 13.587 kg + 3.425 kg + 1.884 kg + 7.346 kg + 1.096 kg + 28.185 kg

$\qquad$ = 56.523 kg

$N = 56.523 \text{ kg} \times 9.80665 = 554.301 \text{ N}$

・**細長比λを求める。**

座屈長　$Lx = 1$　……両端回転

$$\lambda = \frac{L \times Lx}{i} = \frac{3{,}960 \text{ mm} \times 1}{39.7 \text{ mm}} = 99.748$$

・**許容圧縮応力度表より許容圧縮応力度fcを求める。**

$\lambda : 99.748 \ \rightarrow \ Lfc : 87.3 \text{ N/mm}^2$

・**座屈応力度σcを求める。**

$$\sigma c = \frac{N}{A} = \frac{554.301 \text{ N}}{885.2 \text{ mm}^2} = 0.626 \text{ N/mm}^2$$

$$\frac{\sigma c}{Lfc} = \frac{0.626 \text{ N/mm}^2}{87.3 \text{ N/mm}^2} = 0.007$$

・**曲げと座屈の組合せ**

$$\frac{\sigma}{sfb} + \frac{\sigma c}{Lfc} = 0.386 + 0.007 = 0.393 < 1.0 \quad \therefore \text{OK}$$

許容値を下回るので、曲げと座屈に対し安全とする。

●せん断の検討

・**最大せん断力 Q を求める。**

$$Q = P \times \frac{1}{2} = 2{,}557.544\,\text{N} \times \frac{1}{2} = 1{,}278.772\,\text{N}$$

・**せん断応力度 τ を求める。**

$$\tau = \frac{Q}{A} = \frac{1{,}279.772\,\text{N}}{885.2\,\text{mm}^2} = 1.444\,\text{N/mm}^2$$

$$\frac{\tau}{sfs} = \frac{1.444\,\text{N/mm}^2}{135\,\text{N/mm}^2} = 0.01$$

$0.01 < 1.0 \quad \therefore\,\text{OK}$

> 許容値を下回るので、せん断に対し安全とする。

●たわみの検討

$L = 3{,}960\,\text{mm}$

$a = b = 1{,}980\,\text{mm}$

・**最大たわみ δ を求める。**

$$\delta = \frac{P \times L^3}{48 \times E \times I} = \frac{2{,}557.544\,\text{N} \times (3{,}960\,\text{mm})^3}{48 \times 205{,}000\,\text{N/mm}^2 \times 1{,}400{,}000\,\text{mm}^4} = 11.52\,\text{mm}$$

$$\frac{\delta}{L} = \frac{11.52\,\text{mm}}{3{,}960\,\text{mm}} = \frac{1}{343} < \frac{1}{300}$$

> たわみ $\frac{1}{300}$ を下回るので、安全とする。

> ここまでの検討により、支柱：□-100×100×2.3 は、安全とする。

▶ここから接合部材の検討です。力の方向と大きさを注意して見てください。

◆柱頭仕口つなぎアングル：L-75×75×6の検討

下図の単純梁とする。

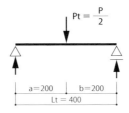

●曲げの検討

・荷重 Pt を求める。

$$Pt = P \times \frac{1}{2} = 2{,}557.544 \text{ N} \times \frac{1}{2} = 1{,}278.772 \text{ N}$$

・最大曲げモーメント M を求める。

$Lt = 400$ mm

$a = b = 200$ mm

$$M = Pt \times \frac{a \times b}{L} = 1{,}278.772 \text{ N} \times \frac{200 \text{ mm} \times 200 \text{ mm}}{400 \text{ mm}} = 127{,}877.2 \text{ Nmm}$$

・曲げ応力度 σ を求める。

$$\sigma = \frac{M}{Z} = \frac{127{,}877.2 \text{ N}}{8{,}470 \text{ mm}^3} = 15.097 \text{ N/mm}^2$$

$$\frac{\sigma}{sfb} = \frac{15.097 \text{ N/mm}^2}{235 \text{ N/mm}^2} = 0.064$$

$0.064 < 1.0$

許容値を大きく下回るので、曲げに対し安全とする。

●せん断の検討

・最大せん断力 Q を求める。

$$Q = Pt \times \frac{1}{2} = 1{,}278.772 \text{ N} \times \frac{1}{2} = 639.386 \text{ N}$$

・せん断応力度 τ を求める。

$$\tau = \frac{Q}{A} = \frac{639.386 \text{ N}}{873 \text{ mm}^2} = 0.732 \text{ N/mm}^2$$

$$\frac{\tau}{sfs} = \frac{0.732 \text{ N/mm}^2}{135 \text{ N/mm}^2} = 0.005$$

$0.005 < 1.0$

許容値を大きく下回るので、せん断に対し安全とする。

●たわみの検討

本部材は、曲げおよびせん断の検討により、大きく安全が確かめられています。これに加え、部材の使用目的から判断し、たわみの検討は必要ないものとします。

ここまでの検討により、柱頭つなぎ材：L-75 × 75 × 6 は、安全とする。

5章　計算方針の立て方　111

◆柱頭仕口ブラケットFB-6×80加工の検討

下図より、長さ130 mmの片持ち梁とする。

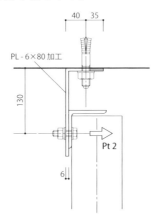

●曲げの検討

・荷重$Pt2$を求める。

$$Pt2 = P \times \frac{1}{4} = 2{,}557.544 \text{ N} \times \frac{1}{4} = 639.386 \text{ N}$$

・最大曲げモーメントMを求める。

梁長さ　$L = 130$ mm

梁幅　$b = 80$ mm

梁高さ　$h = 6$ mm

断面係数　$Z = \dfrac{b \times h^2}{6} = \dfrac{80 \text{ mm} \times (6 \text{ mm})^2}{6} = 480 \text{ mm}^3$

断面2次モーメント　$I = \dfrac{b \times h^3}{12} = \dfrac{80 \text{ mm} \times (6 \text{ mm})^3}{12} = 1{,}440 \text{ mm}^4$

$M = Pt2 \times L = 639.386 \text{ N} \times 130 \text{ mm} = 83{,}120.18 \text{ Nmm}$

断面積　$A = b \times h = 80 \text{ mm} \times 6 \text{ mm} = 480 \text{ mm}^2$

・曲げ応力度σを求める。

$$\sigma = \frac{M}{Z} = \frac{83{,}120.18 \text{ Nmm}}{480 \text{ mm}^3} = 173.167 \text{ N/mm}^2$$

$$\frac{\sigma}{sfb} = \frac{173.167 \text{ N/mm}^2}{235 \text{ N/mm}^2} = 0.736$$

$0.736 < 1.0$

許容値を下回るので、曲げに対し安全とする。

●せん断の検討

・最大せん断力 Q を求める。

$Q = Pt2 = 639.386 \, \text{N}$

・せん断応力度 τ を求める。

$$\tau = \frac{Q}{A} = \frac{639.386 \, \text{N}}{480 \, \text{mm}^2} = 1.332 \, \text{N/mm}^2$$

$$\frac{\tau}{sfs} = \frac{1.332 \, \text{N/mm}^2}{135 \, \text{N/mm}^2} = 0.009$$

$0.009 < 1.0$

許容値を大きく下回るので、せん断に対し安全とする。

●たわみの検討

$L = 130 \, \text{mm}$

・最大たわみ δ を求める。

$$\delta = \frac{Pt2 \times L^3}{3EI} = \frac{639.386 \, \text{N} \times (130 \, \text{mm})^3}{3 \times 205,000 \, \text{N/mm}^2 \times 1,440 \, \text{mm}^4} = 1.586 \, \text{mm}$$

たわみ量が 2 mm 以下で微小なので、たわみに対し安全とする。

5章　計算方針の立て方　113

◆アンカーボルト回りの曲げの検討

下図の綱掛部分の三角形を片持ち梁とし、長さ34 mmの片持ち梁の検討をする。

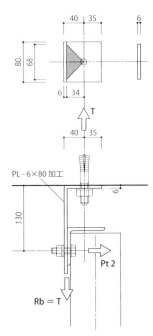

梁長さ　$L = 34$ mm

梁幅　$b = 68$ mm

梁高さ　$h = 6$ mm

断面係数　$Z = \dfrac{b \times h^2}{6} = \dfrac{68 \text{ mm} \times (6 \text{ mm})^2}{6} = 408 \text{ mm}^3$

断面2次モーメント　$I = \dfrac{b \times h^3}{12} = \dfrac{68 \text{ mm} \times (6 \text{ mm})^3}{12} = 1{,}224 \text{ mm}^4$

断面積　$A = b \times h = 68 \text{ mm} \times 6 \text{ mm} = 408 \text{ mm}^2$

・荷重Rbを求める。

$Pt2 \times 130 \text{ mm} = Rb \times 34 \text{ mm}$

$Rb = \dfrac{Pt2 \times 130 \text{ mm}}{34 \text{ mm}} = \dfrac{639.386 \text{ N} \times 130 \text{ mm}}{34 \text{ mm}} = 2{,}445.71 \text{ N}$

●曲げの検討

・最大曲げモーメントMを求める。

$M = Rb \times L = 2,445.71 \text{ N} \times 34 \text{ mm} = 83,154.14 \text{ Nmm}$

・曲げ応力度σを求める。

$$\sigma = \frac{M}{Z} = \frac{83,154.14 \text{ Nmm}}{408 \text{ mm}^3} = 203.809 \text{ N/mm}^2$$

$$\frac{\sigma}{sfb} = \frac{203.809 \text{ N/mm}^2}{235 \text{ N/mm}^2} = 0.867$$

$0.867 < 1.0$

> 許容値を下回るので、曲げに対し安全とする。

●せん断の検討

・最大せん断力Qを求める。

$Q = Pt2 = 639.386 \text{ N}$

・せん断応力度τを求める。

$$\tau = \frac{Q}{A} = \frac{639.386 \text{ N}}{408 \text{ mm}^2} = 1.567 \text{ N/mm}^2$$

$$\frac{\tau}{sfs} = \frac{1.567 \text{ N/mm}^2}{135 \text{ N/mm}^2} = 0.011$$

$0.011 < 1.0$

> 許容値を下回るので、せん断に対し安全とする。

●Rbによるせん断の検討

下図により、検討する。

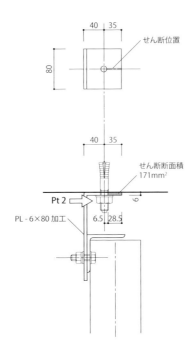

- せん断断面積　$At2 = 171 \text{ mm}^2$
- **せん断応力度τpを求める。**

$$\tau p = \frac{Pt2}{At2} = \frac{639.386 \text{ N}}{171 \text{ mm}^2} = 3.73 \text{ N/mm}^2$$

$$\frac{\tau p}{sfs} = \frac{3.73 \text{ N/mm}^2}{135 \text{ N/mm}^2} = 0.027$$

$0.027 < 1.0$

許容値を下回るので、せん断に対し安全とする。

●N2によるせん断の検討

下図により、検討する。

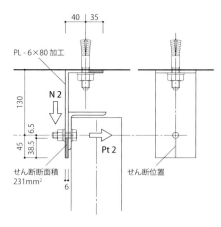

せん断断面積 $An = 231 \text{ mm}^2$

$N2 = N \times \dfrac{1}{2} = 554.301 \text{ N} \times \dfrac{1}{2} = 277.15 \text{ N}$

・せん断応力度 τn を求める。

$\tau n = \dfrac{N2}{An} = \dfrac{277.15 \text{ N}}{231 \text{ mm}^2} = 1.199 \text{ N/mm}^2$

$\dfrac{\tau n}{sfs} = \dfrac{1.199 \text{ N/mm}^2}{135 \text{ N/mm}^2} = 0.008$

$0.008 < 1.0$

許容値を下回るので、せん断に対し安全とする。

ここまでの検討により、柱頭仕口ブラケットPL−6×80は、安全とする。

◆柱脚仕口アングルの検討
●隅肉溶接の検討

下図により、検討する。

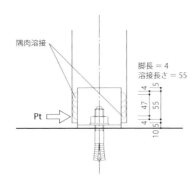

許容溶接強度（短期）　$sfw = 135 \text{ N/mm}^2$

＊母材のせん断強さに同じ

$Pt = 1,278.772 \text{ N}$

・隅肉溶接寸法

溶接長さ　$WL = (55 \text{ mm} - 2 \times 4 \text{ mm}) \times 4 \text{か所} = 188 \text{ mm}$

脚長　$S = 4 \text{ mm}$

のど厚　$a = 0.7 \times 4 \text{ mm} = 2.8 \text{ mm}$

・隅肉溶接強さ Wp を求める。

$Wp = WL \times a \times sfw = 188 \text{ mm} \times 2.8 \text{ mm} \times 135 \text{ N/mm}^2$

$= 71,064 \text{ N}$

$\dfrac{Pt}{Wp} = \dfrac{1,278.772 \text{ N}}{71,064 \text{ N}} = 0.017$

$0.017 < 1.0$

許容値を下回るので、せん断に対し安全とする。

●N2によるせん断の検討

下図により、検討する。

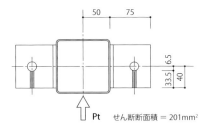

せん断断面積　$Ab = 33.5 \text{ mm} \times 6 \text{ mm} = 201 \text{ mm}^2$

・せん断応力度 τb を求める。

$$\tau b = \frac{Pt}{2 \times Ab} = \frac{1{,}278.772 \text{ N}}{2 \times 201 \text{ mm}^2} = 3.181 \text{ N/mm}^2$$

$$\frac{\tau b}{sfs} = \frac{3.181 \text{ N/mm}^2}{135 \text{ N/mm}^2} = 0.023$$

$0.023 < 1.0$

> 許容値を下回るので、せん断に対し安全とする。

> ここまでの検討により、柱脚部アングルL-75×75×6は、安全とする。

> 以上の検討から、サッシュ受け、全体は安全とする。

おわりに

　本書は、計算書を読む人の側に立って、その心持ちに寄り添う計算書を書くための具体策をまとめています。これを実践すれば、あなたは、仲間からは賞賛を、お客様からは信用と利益を勝ち取ることが容易でしょう。そしてすでにこれを仕事にしている人は、いま持っている悩みと恐怖とトラブルの大半が解消するでしょう。

　なぜ、そんなことが言えるのか？

　私は学生時代、モーメント図もせん断力図も満足に描けませんでした。だから構造という科目は鬼門でした。それにもかかわらず、構造計算書を仕事にするというめぐり合わせを経験しました。以前の仕事である建築施工図の製作に、どうしても必要になったからです。

　私たちは、本書で紹介したような構造計算に20年ほど前から携わるようになり、その数は、累計で3,000件を大きく超えています。依頼が寄せられる地域は、最北が北海道、最南が沖縄と全国に渡っています。

　どうしたら、モーメント図を描くにも自信が持てなかった人間が、構造計算を仕事にできるのか？　本書は、その試行錯誤の結果です。

　独学は、恐怖との戦いです。本でどれだけ勉強しても、専門家に勝てる要素など見つかりません。書店の書棚の前に立ち、両手を広げ、ここからここまでという勢いで専門書を買い漁ったこともあります。でも、心配と恐怖は消えませんでした。

　ではどうしたか？

　そのポイントを二つほど紹介しましょう。

　一つは、目の前の疑問を、根気よく解決することです。私の最大の疑問は、断面性能の意味についてでした。I と Z は何がちがうのか？　i ってそもそもなに？　その疑問は、本を読んでも解消しません。ところが、ある時そこに納得する瞬間がきます。これには、自信が倍増する勇気が湧きました。率直に言えば、これで誰とでも互角に対峙できるという自信です。部材が壊れる姿と机上の公式とが一直線につながった景色を見たように思いました。

　たわみと曲げは、なぜ一緒に計算するのでしょうか？　部材はどれだけたわむと危険なのでしょうか？　そもそも曲げとたわみって、何が違うのでしょうか？　そのような疑問をお持ちの方は多いように思います。でもそれを明確に答えてくれる人には、出会えないのでした。

　本書はそのような、聞いても答えが返ってこないような疑問に応えることを目指しています。ちなみに、たわみの疑問に興味のある方は、ページを少し戻って第4章を見直

してみてください。

　二つ目は、公式を使い切ることです。公式は世界中の誰もが疑問を差し挟む余地のないものです。ですからこれを使えば、心配とも恐怖とも無縁になります。公式は先人からの有難い贈り物だと思うのです。適切に使い切る人には、一生ものの知識が約束されるでしょう。その思いがあって、第2章ができています。

　まだ他にもありますが、それは本書を振り返ってご確認ください。そこには、包み隠すことなく、いま、あなたのスタートに必要なことがすべて書いてあります。

　構造計算は、簡素で、決して古くなることがない技術です。そこが大きな魅力です。それは、自然の法則だからです。

　建築2次部材の構造計算は、そこに携わる多くの人が常に求められる技術になっています。必要度が急上昇している印象です。必要度とは、私には、危険度と聞こえてなりません。始めてみようと奮い立つ方には、できるだけ早く取り組まれることを願ってやみません。本書は、あなたの心に疑問が湧いたとき開いて、見直して頂くと役に立つことを願って書いています。気にかかるところを何度も開いてください。本書が最初の一歩となり、あなたの構造計算の助けになることができましたら幸甚です。

　本書が完成するまで、数年に及ぶ日々が必要でした。見捨てず支えていただいた方々に感謝いたします。また、編集の大塚由希子さんには多くの気づきをいただきました。ありがとうございます。

　今後も多くの相談に応えてまいりたいと思います。

　2024年9月

山本満・四井茂一

参考図書および文献

- 『アルミニウム建築構造設計規準・同解説』国土交通省国土技術政策総合研究所・建築研究所監修、アルミニウム建築構造協議会、2016年
- 『安全・安心ガラス設計施工指針　増補版』日本建築防災協会編、日本建築防災協会、2014年
- 『応用力学〈静力学編〉』S.P.ティモシェンコ著、渡辺茂・三浦宏文訳、好学社、1999年
- 『改訂　材料力学要論』S.P.ティモシェンコ、D.H.ヤング著、前澤誠一郎訳、コロナ社、1972年
- 『各種合成構造設計指針・同解説』日本建築学会編、日本建築学会、2010年
- 『規基準の数値は「何でなの」を探る第2巻』寺本隆幸・大越俊男・和田章監修、建築技術、2015年
- 『軽鋼構造設計施工指針』日本建築学会編、日本建築学会、2024年
- 『新版　建築応用力学』小野薫・加藤渉共著、共立出版、2018年
- 『建築応用力学演習　理工文庫』定方哲著、理工図書、1959年
- 『建築構造力学演習　理工文庫』蜂巣進著、理工図書、1956年
- 『建築設備耐震設計・施工指針』建築設備耐震設計・施工指針2014年版編集委員会編、日本建築センター、2014年
- 『建築物荷重指針・同解説』日本建築学会編、日本建築学会、2015年
- 『鋼構造座屈設計指針』日本建築学会編、日本建築学会、2018年
- 『鋼構造許容応力度設計規準』日本建築学会編、日本建築学会、2019年
- 『鋼構造柱脚設計施工ガイドブック』日本建築学会編、日本建築学会、2017年
- 『構造学再入門 新訂』海野哲夫著、彰国社、2012年
- 『構造学再入門 Ⅱ　改訂』海野哲夫著、彰国社、1982年
- 『構造学再入門 Ⅲ　改訂』海野哲夫著、彰国社、1984年
- 『構造力学早わかり』海野哲夫著、彰国社、1972年
- 『構法計画パンフレット7 手摺』日本建築学会編、彰国社、1985年
- 『高力ボルト接合設計施工ガイドブック』日本建築学会編、日本建築学会、2016年
- 『これならわかる［図解でやさしい］入門材料力学』有光隆著、技術評論社、2002年
- 『材料力学史』S.P.ティモシェンコ、D.H.ヤング著、最上武雄監訳、川口昌宏訳、鹿島研究所出版会、1974年
- 「JIS A6601 低層住宅用バルコニー構成材及び手すり構成材」日本工業標準調査会
- 『実務者のための建築物外装材耐風設計マニュアル』日本建築学会編、日本建築学会、2013年
- 『小規模建築物基礎設計例集』日本建築学会編、日本建築学会、2011年
- 『ステンレス建材の手引き』ステンレス協会編、ステンレス協会、2010年
- 『住まいの安全学』宇野英隆・直井英雄著、講談社、1976年
- 『デザインデータブック』日本橋梁建設協会編、日本橋梁建設協会、2021年
- 『手摺の安全性に関する自主基準及び研究報告』日本金属工事業協同組合技術検討委員会著、日本金属工事業協同組合、2011年
- 『ねじ総合カタログ2024』東京鋲螺協同組合
- 『非構造部材の耐震設計施工指針・同解説および耐震設計施工要領』日本建築学会編、日本建築学会、2003年
- 『微分・積分のしくみ　入門ビジュアルサイエンス』岡部恒治著、日本実業出版社、1998年
- 『木質構造設計規準・同解説』日本建築学会編、日本建築学会、2006年

・『溶接接合設計施工ガイドブック』日本建築学会編、日本建築学会、2008年
・『やさしい建築構造力学の手びき　全面改訂版』日本建築技術指導センター編、霞ヶ関出版社、
　2001年
・『よくわかる構造力学ノート』四俵正敏著、技報堂出版、1985年
・『力学入門』長谷川律雄著、中央公論新社、2015

著者紹介

山本満（やまもと　みつる）
有限会社アクト代表取締役社長。
国立岐阜工業高等専門学校建築学科卒業。複数の建築設計事務所に合計約8年勤務の後、一級建築士事務所有限会社アクトを設立。

四井茂一（しい　しげいち）
有限会社アクト取締役副社長。一級建築士。管理建築士。
大同工業大学建設工学科卒業。複数の建築設計事務所に合計約7年勤務の後、一級建築士事務所有限会社アクトを共同設立。2次部材等の構造アドバイスを行う。

有限会社アクト　　https://www.actworks.biz/

意匠設計者でもスラスラ書ける　建築2次部材の構造計算書
2024年11月10日　第1版　発　行

著　者　　山　本　満・四　井　茂　一
発行者　　下　　出　　雅　　徳
発行所　　株式会社　彰　国　社
　　　　　162-0067　東京都新宿区富久町8-21
　　　　　電　　話　03-3359-3231(大代表)
　　　　　振替口座　00160-2-173401

著作権者との協定により検印省略

自然科学書協会会員
工学書協会会員

Printed in Japan
© 山本満・四井茂一　2024年
印刷：壮光舎印刷　製本：中尾製本
ISBN 978-4-395-32212-1　C3052　　https://www.shokokusha.co.jp

本書の内容の一部あるいは全部を、無断で複写(コピー)、複製、およびデジタル媒体等への入力を禁止します。許諾については小社あてにご照会ください。